ヤングアダルト・サービスの秘訣

公共図書館ジェネラリストへのヒント

BARE BONES

YOUNG ADULT

SERVICES

ルネ・J．ヴィランコート
アメリカ図書館協会公共図書館部会　共著
ヤングアダルト図書館サービス部会

井上靖代訳

日本図書館協会

Bare Bones Young Adult Services:
Tips for Public Library Generalists

Renée J. Vaillancourt
Public Library Association
Young Adult Library Services Association

American Library Association, Chicago and London, 2000

©2000 by the American Library Association
All rights reserved except those which may be granted by Sections 107
and 108 of the Copyright Revision Act of 1976.

Japanese translation rights arranged with
American Library Association, Chicago, Illinois
through Tuttle-Mori Agency, Inc., Tokyo

ヤングアダルト・サービスの秘訣 ： 公共図書館ジェネラリストへのヒント ／
ルネ・J．ヴィランコート［ほか］著 ； 井上靖代訳． － 東京 ： 日本図
書館協会，2004． － 191p ； 21 cm． － Bare bones young adult services: tips
for public library generalists の翻訳． － ISBN4-8204-0402-4

t1. ヤングアダルト　サービス　ノ　ヒケツ　a1. ヴィランコート．ルネ・
J．(Vaillancourt, Renée J.)　a2. イノウエ，ヤスヨ
s1. 児童図書館　s2. 青少年教育　①016.28

はしがき vi
まえがき viii

1章　ヤングアダルト・サービスの哲学 ─── 1

なぜ10代にサービスするのか？　1
なぜ10代はほかの年代と違うのか　3
ヤングアダルトに誰がサービスするのか？　10
10代とどうやってつきあっていくのか　12

2章　若者の参加 ─── 18

調査　19
フォーカス・グループ──対象とする利用者集団　22
ジュニア図書館友の会　23
10代助言委員会　25

3章　ヤングアダルト向けサービスを計画する ─── 29

ヤングアダルト・サービス計画　33
ヤングアダルト・サービスの目的と目標　33
実施計画　34
評価　36

4章　ヤングアダルトのためのスペースをつくる ── 38

 位置　38
 レイアウト　41
 家具　44
 テクノロジー　45
 室内装飾　46

5章　ヤングアダルト向けに資料を構築する ── 48

 フィクション　48
 ノンフィクション　51
 雑誌　53
 コミックとストーリーマンガ　53
 コンピュータ　54
 視聴覚資料　58
 資料構築　59

6章　ヤングアダルトにサービスする ── 64

 マーケティングと宣伝　64
 読者援助　68
 レファレンスと宿題援助　73
 プログラム（行事）　96
 アウトリーチ活動　99

7章　権利と責任 ── 105

 知的自由　105
 問題解決　110

8章　サービス改善のための継続研修 ── 116

 職員研修　116
 地域との協働　116

州や地域とのかかわり合い　117
　　　全国レベルでのかかわり合い　118
　　　代弁者　119

まとめ ―――――――――――――――――― 122

付録 ――――――――――――――――――― 125
　　A　ルイズヴィル公共図書館　10代助言委員会内規　125
　　B　ヤングアダルトに最良のサービスを：YALSAによるヤングアダルトにサービスする図書館員の専門能力　131
　　C　ヤングアダルト向け図書館サービス計画；ヒンズデール（イリノイ州）公共図書館　137
　　D　10代のためのオンライン安全利用の基本ルール　147
　　E　ノンフィクションの正確さと信頼性評価のガイドライン　148
　　F　ヤングアダルト向け文学の評価方法　149
　　G　ウェブ・サイトの評価方法　151
　　H　読者向け注釈文の書き方　153
　　I　ブックトークのシナリオの書き方　155
　　J　グループ向けブックトークのコツ　156
　　K　学校向けサービス案内のチラシ　158
　　L　パスファインダー　162
　　M　生徒の学習のための情報リテラシー基準　165
　　N　プログラム（行事）のヒント　167
　　O　ヤングアダルト向けプログラム（行事）評価の例　169
　　P　図書館の権利宣言　170
　　Q　読書の自由　172
　　R　問題行動対処のための戦略　178

「ヤングアダルト・サービスの秘訣」を訳して―あとがき―　181

索引　185

はしがき

　図書館の分野で仕事をしていて最も嬉しいことは，専門職の同僚からから寛容な援助を受けられることである。本書『ヤングアダルト・サービスの秘訣』は，まさに協働の努力のたまものである。すなわち，何十人もの図書館員や教育者，作家たちがこころよく研修資料を提供してくれ，出版物の再掲を許可してくれ，また本書でとりあげるテーマについて著者の電子ディスカッション・リスト上での意見表明や直接質問したことに対しても，その知識や経験を分かち合ってくれたのである。

　特に以下の人々に感謝の意を表明したいと思う。本書は彼らがいなければできあがらなかっただろう。

　パトリック・ジョーンズ，ジェイン・バイチェック，アンドリア・グリック，キャシー・ダン・マックラエといった人々が著者にヤングアダルト図書館員について書くようにすすめ，どのようなことを論じるべきかについて助言をしてくれた。

　メアリ・K.チェルトンは1993年に出版された『ヤングアダルト・サービスの秘訣』(原題 *Bare Bones: Young Adult Services Tips for Public Library Generalists* (1993))[1] の編者の一人であり，著者に新版を執筆するようすすめてくれ，終始かわらぬ援助と支持を与えてくれた。

　すべての「十分なサービスを受けていない人にサービスする」訓練士やそのほかの貢献者たち(特に，パトリック・ジョーンズやジュディ・ドルーズ，デイナ・バートン，ジェイン・バイチェック)も，こころよく出版物を再掲する

1　Mary K. Chelton and James M. Rosinia. *Bare Bones: Young Adult Services Tips for Public Library Generalists.* Chicago : Public Library Association and Young Adult Library Services Association, Divisions of the American Library Association,©1993. ISBN 0-8389-7665-4 ヤングアダルト・サービス研究会で翻訳。未出版。

許可を与えてくれた。

　YALSA[1]のリンダ・ワドルとPLA[2]のキャスリーン・ヒューズは強い熱意をもって編集の労をとってくれた。

　パム・バリーは著者にヤングアダルトの図書館活動参加の理想を想い起こさせてくれ，著者が熱望する図書館サービスの基準を作成してくれた。ロード・アイランド州リンカーンの10代助言委員会（Teen Advisory Board）とインディアナ州カーメルの10代図書館協議会（Teen Library Council）の委員たちは著者にヤングアダルト・サービスに目を向けさせてくれた。

　著者の両親，メアリとレイモンド・ヴィランコートは著者がまだ10代の頃，幅広い読書をすすめてくれ，知的自由の擁護者として最初の理想となってくれた。

　そして著者の夫であるシーン・マックグラスはこの本のために多くの週末を費やして，モンタナ州のひと冬では燃やしつくせないほどの薪を切ってくれたので，私は静かで暖かな家の中で仕事をすることができた。

1　Young Adult Library Services Association の略語。ヤングアダルト向け図書館サービス部会。American Library Association（アメリカ図書館協会）の部会のひとつである。専門機関誌 *YALS : Young Adult Library Services* 月刊
2　Public Library Association の略語。公共図書館部会。アメリカ図書館協会の部会のひとつである。専門機関誌 *Public Libraries* 月刊

まえがき

　詩人ガブリエラ・ミストラルはいう。「私たちは必要なら多くのことを待つことができるが、子どもたちは待てない。今という時が、子どもたちの骨を育て、子どもたちの血をつくり、子どもたちの心を広げていく。子どもたちに明日とは言えない。子どもたちの名前は今日なのだ。」ヤングアダルトは子どもたちと同じように、図書館員がサービスするのを待てない。ヤングアダルトたちの未来は今日であり、今という時がその未来をかたちづくっているのだ（原注1）。

　1994年現在、アメリカ合衆国の公共図書館におけるヤングアダルト・サービスについての最初の全国調査『公共図書館における子どもとヤングアダルトに対する資料とサービス』（原題 Services and Resources for Children and Young Adults in Public Libraries）[1]（原注2）によれば、12歳から18歳のヤングアダルトは全図書館利用者の23％を占めているにもかかわらず、全公共図書館[2]中、ヤングアダルト・スペシャリスト[3]がいるのはわずか11％となっている。図書館によっては、10代利用者は児童図書館員か子ども向けサービス図書館員（youth services librarian）[4]が対応している。ほかの図書館では、ヤングアダ

1　原注2であげられている資料。U.S. Department of Education, Office of Educational Research and Improvement, National Center for Education Statistics, *Services and Resources for Children and Young Adults in Public Libraries* (Washington, D.C., U.S. Government Printing Office, 1995) 1994年時点で全米の890の公共図書館を調査対象に実施された児童・YAサービスの各実態調査を分析した報告書。
2　日本では公立図書館であるが、本書ではpublic libraryの訳として、公立や財団、私立を含めて公共図書館とした。
3　ライブラリー・スクール（図書館情報学大学院）でヤングアダルト・サービス関係科目を取得して司書となった者をさす。
4　子どもへの図書館サービスや児童文学等の科目を取得し司書となった者をさす。Youth services librarian は、Children's librarian よりやや高い年齢層の利用者までをサービス対象とする場合が多いが、明確な違いはないといえよう。

ルト・サービスはレファレンス担当部門の責任になっているところもある。そして，多くの図書館ではヤングアダルトに配慮したサービスをまったく行っていない。

12歳から18歳の世代が全国で増加しつづけているので，もはや地域住民のこの重要な部分を無視できなくなっている。この『ヤングアダルト・サービスの秘訣』の主たる読者対象は図書館員のジェネラリスト[1]である。ジェネラリストはほかの年代の住民とともに10代にもサービスを提供している。もしあなたが伝統的な専門分野以外にヤングアダルト向けサービスを担当する司書であるなら，あるいは小学校から中学校への移行を受けもつ学校図書館メディア・スペシャリスト[2]であるなら，さらにはまた正規の図書館学教育を受けずに担当となったYAスペシャリストであるならば，このマニュアルはどうやって10代に対して質の高い図書館サービスを提供できるかを学ぶ上で，すばらしい出発点となるだろう。

初版の『ヤングアダルト・サービスの秘訣』が出版されたころから，インターネットが図書館サービスについての有力なコミュニケーションの場となってきている。PUBYACやYALSA-BKといった電子ディスカッション・リスト[3]上では，ヤングアダルト・サービスやヤングアダルト向け文学について活発な議論がなされているし，アメリカ図書館協会（ALA）やほかの団体機関が提

---

1 アメリカ図書館協会認定のライブラリー・スクールで専門職司書として訓練を受け，認定されている図書館司書ではあるが，児童やYA，参考業務，資料組織などの専門分野の担当ではなく図書館全体のあらゆる仕事をする専門職図書館員をさす。
2 学校図書館はメディア・センターとよばれ，学校司書という名称ではなくメディア・スペシャリストと称せられる。ライブラリー・スクールや教育大学など認定機関で資格取得する。各州の州教育委員会で認定する。
3 PUBYACはPUBlic libraries, Young Adults and Childrenから名づけられたディスカッション・リスト。現在ではメーリングリストと呼ばれることが多い。1993年にピッツバーグ大学ライブラリー・スクールで始まり，現在ではジェファーソン郡図書館児童司書が管理運営している。加入するには本文にsubscribe pubyacと書きlistproc@prairienet.orgにメールを送ればよい。
YALSA-BKはYALSAが運営しているディスカッション・リストである。主としてYA向けの資料評価などの情報が送られる。加入するには本文にsubscribe YALSA-BK（加入者名 first name last name）と書き，listproc@ala.orgにメールを送ればよい。そのほかYALSAでは大都市図書館でのYA担当者によるYA-Urbanやホームレスや刑務所にいる10代へのアウトリーチ活動をとりあげているYA-Outreachなどのディスカッション・リストを運営している。YALSAのサイト内Yattitudeに詳細がある。

供しているウェブ・サイトでも，図書館における10代利用者にサービスするやり方について貴重な情報が提供されている。

　アメリカ図書館協会内のひとつの組織であるヤングアダルト向け図書館サービス部会（YALSA）でも，ヤングアダルト・サービスのスペシャリストの一団を訓練して，ほかの図書館員に10代利用者へのサービス改善方法を教えられるようにしている。これらの「十分サービスを受けていない対象者にサービスする」(Serving the UnderServed, 略称SUS) 訓練士たちは，全国のあらゆるところで何百というワークショップを指導し，ヤングアダルトたちの要求に対応できるよう，さらに多くの方法を熱心に学ぼうとする図書館員たちからひっぱりだこである。

　本書『ヤングアダルト・サービスの秘訣』は，電子ディスカッション・リストや，このSUS訓練ワークショップで頻繁にたずねられる多くの質問（FAQ）に答えるものである。本書は，10代にヤングアダルト向け図書館サービス企画に参加してもらう方法や，ヤングアダルト向け図書館行事を成功させるアイディアなど実務的情報を含んでいる。また，図書館で10代がコンピュータやインターネットを効果的に利用する方法や，成功するヤングアダルト・コーナー設営，資料構築などの方法についての疑問にも答えている。

　本書『ヤングアダルト・サービスの秘訣』は，ヤングアダルト・サービスの哲学思想や実務への手引書である。図書館にやってくる10代利用者の要求に，いかにすれば最も上手に応えられるかについて実用的なアイディアを提供することを意図している。

　アメリカ人のほとんどあらゆる世代ごとに，その世代を示す語句が政治的に適切な表現かが議論される時代になってきたにもかかわらず，12歳から18歳の年代は残念ながらそこからもれている。著者の知っている10代の多くは，自分たちのことを「がき」(kids)と称している。図書館員は「ヤングアダルト」という表現を使う傾向にある。本書では，自称「がき」たちに当然の敬意を払いつつも，この対象とする集団をティーンエイジャーとか，ティーンズ，ヤングアダルト，あるいは短くYAと表現している。

原注
1. Jane Byczek, *Youth and Young Adult Services*, Hinsdale, Ill., Public Library.
2. U.S. Department of Education, Office of Educational Research and Improvement, National Center for Education Statistics, *Services and Resources for Children and Young Adults in Public Libraries* (Washington, D.C., U.S. Government Printing Office, 1995).

第1章　ヤングアダルト・サービスの哲学

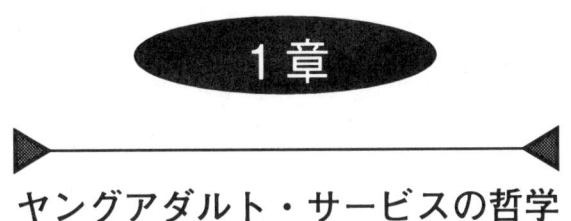

ヤングアダルト・サービスの哲学

▶▶ なぜ10代にサービスするのか？

　自由な意思をもちなさいと教えられて悩んでいる人にとって——責任というのろわしいものを背負うようになる一方で、依然として、親の指図という頑固な力に従わざるをえない——日常にありふれた不公平なことや、つかざるをえない嘘があることを知ることは、ひどく心が痛むことであるけれども、また当然のことでもある。大人になるということは、正しいことと間違っていることのはっきりした区別をしていくことであり、同時に自分の感情をしっかり抑えることだと気づかされることでもある。それは、大人が思っている以上にあたりまえなことであり、普遍的なことなのである（原注1）。

　最近学校や公共の場所での暴力事件が増加し、深刻さも増すにつれ、親や教師、図書館員たちはトラブルを起こした若者たちを助けるために何ができるだろうかと途方にくれている。最近の調査によると、10代は自分たちが出会うほかの問題に比べ、怒りや不満、孤独といった感情をうまくコントロールする自信がないと思っている。「自分自身や友達にとって、さまざまな問題や判断などについてともに話し合う大人がいないことが大きな問題だと、10代の若者たちの25％は答えている。若者たちが十分に大人の指導を受けていると感じている分野では、おおむね若者たちは自分が正しい判断を下したと考えている。」(原注2) 公共図書館員は家庭や学校の権威の外で影響を与えているので、こうした役割を果たす上で理想的な位置にいる。

1994年の教育省の報告では，公立高校の通学率は1997年から2007年の間に13％増加すると予想している(原注3)。たとえ，この数値だけではヤングアダルトたちへの特別な図書館サービスの提供が正当化されなくても，これらの10代の若者たちは，いずれ多くのコミュニティで図書館財政に対して賛否の投票を行う納税者になることを配慮しておこう。

　おそらく，もっと重要なことは，10代の若者たちはその人生の過程で重要な過渡期を経験している市民だということである。多くの人々にとって，青年期（Adolescence）というのは，自分たちの将来を左右する「大きな問題」について考えはじめる最初の時期である。若者たちは，自分たちに何を信じ，どのように行動すべきかを教えてきた両親やほかの権威ある人々に疑問を投げかけはじめる。そして自分の意見を形成しはじめる。だからこそ，図書館は幅広いテーマについて偏見のない情報を提供し，ヤングアダルトたちが成長発達するのにぜひとも必要な知識を入手できるようにする必要がある。

　10代は論争的なテーマに関心をもつことが多い。例えば，性に関することや宗教，ドラッグやアルコール，音楽，哲学，心理学などといったテーマは，青年期にまず，頻繁に探究の対象となる。こうしたテーマについて読んだり話したりすることによって，10代は自分たちがどのように感じているのかを発見し，また自分たちがどのレベルにいるのかを理解していくことになる。これは若者たちが健全な発達をとげるのに必要不可欠なことなのである。

　図書館で10代向けサービスを充実すべき大きな理由は，それによってあらゆる面において人々に利益がもたらされるからである。図書館の企画活動に参加しているヤングアダルトたちは仲間意識を育て，自己評価を高める。10代と親しく仕事をしている図書館員は，地域住民のサービス向上に役立っていると思えるし，人々に図書館利用をうながしているという満足感も得られる。10代にサービスしている多くのヤングアダルト・スペシャリストとジェネラリストにとって，10代が本を読んだり，わくわくして図書館資料を活用するのを見たり，若者たちにとって精神的見本（メンター）の役割を果たしたりすることは，専門職として最も報われることの多い側面である。

第1章 ヤングアダルト・サービスの哲学

> 僕はその午後，いつもの場所，つまり僕の町の図書館にいた。その時僕はしたいことを何でもしていた，その時突然……
> 彼女が僕の人生にやってきた。
> 彼女は僕の運命を変えた女性だった。
> 彼女からその後，前書きの短い1ページに僕のすべての人生を要約してくれないかと頼まれた。
> 彼女はその公共図書館で最近始めた若者図書館参加グループに僕を紹介してくれた(原注4)。

教師たちはこんなスローガンを使っている。「私は未来に接している――教えている。」図書館員も，成長しつつある人間の人生にかかわって，大きな責任を担っている。『ヤングアダルトと図書館をつなぐ：実践マニュアル』[1]（原題 Connecting Young Adults and Libraries: A How-to-Do-It Manual）の著者であるパトリック・ジョーンズは，10代は「建設中」という道路標識を首に下げているべきだと述べている(原注5)。本当のところ，10代とともに図書館活動をしても，彼らがどんなふうになるかはわからないし，図書館員の言葉や行動が若者の一生にどのように影響するかもわからない。しかし，若者の人生の歩みを手伝うか，あるいは阻止してしまうのかは，常に図書館員の判断に委ねられているのである。

▶▶ なぜ10代はほかの年代と違うのか

図書館で働く私たちもすべて，昔はヤングアダルトだった。でも，ほとんどの人にとっては10代がどんなふうだったかを思い出すのは難しい。自分自身の青年期のことをちょっとふりかえってみよう。

---

[1] 原注では改訂版が紹介されているが，2004年秋に3版が出版予定である。Connecting Young Adults and Libraries: A How-to-Do-It Manual. 3rd ed. Neal-Shuman, 2004. また，ジョーンズは自分のホームページでYAサービスについて，常に新鮮な内容を提供している。www.connectingya.com を参照。

> **表 1.1**
> **1960 年代以降の生徒たちに影響した変化 トップ 10**
>
> 1. 崩壊家庭の数は増加している。
> 2. 高度テクノロジーが学校や職場，家庭生活に影響している。
> 3. 子どもたちは犯罪や暴力，貧困に脅かされている。
> 4. 地域社会は変化しつづけており，さらに多様化している。
> 5. マスメディアの影響は，子どもたちをしっかりととらえており，ごく幼い頃から多くの知識を与えている。
> 6. 生徒たちは権威に対して疑問をもち，伝統的な価値観や責任を回避している。
> 7. テンポの速すぎる社会は，地域コミュニティの意識に欠けることが多い。
> 8. 変化しつづける職場は，さらに高度なリテラシー習得の必要を生み出している。
> 9. 学習形態についての知識は新たなる形の教育を要求している。
> 10. 同年代の仲間が友達の価値観に強力な影響を及ぼす。
>
> 情報源：Julia Stratton, *How Students Have Changed ... A Call to Action* (Arlington, Va.: American Association of School Administrators, 1995).

中学校と高校で誰が一番の友達でしたか？

どんな服を着ていましたか？

放課後，何をするのが好きでしたか？

どんな種類の本を読むのが好きでしたか？（あるいは少しでも本を読むのが好きでしたか？）

10 代の頃，図書館を利用しましたか？

なぜ利用しましたか？　あるいはなぜ利用しなかったのですか？

　大切なのは，現代の 10 代があなたの育った頃と同じだなどと思ったりしないことである（表1.1参照）。現代のヤングアダルトは，その前の世代ではあまり広まっていなかった多くの課題をかかえている。例えば，ドラッグやアルコールに手を染めたり，暴力事件も増加したりしている。しかし，青年期というのは，今までもずっと，変化したり，試したり，わくわくしたり，不安定であっ

第 1 章 ヤングアダルト・サービスの哲学

> シェル石油会社が実施し，合衆国教育省が公表した1998年調査によれば，10代の生活は今日の世界で対処しなければならない圧迫と課題に満ちている。高校生の3分の2が自分たちの生活はかなり困難なものだと回答しているものの，4分の3は自分たちの未来は約束されているようにみえると回答している。
> 　10代は，いい点をとらなければならないこと（44％），大学に行くこと（32％）に最も圧迫感を感じている。また，社会にとけ込むこと（29％）やドラッグやアルコールを用いること（19％），性的に活発に行動すること（13％）などにも関心をもっている。
> 　調査対象集団のうち，困難をかかえているのは高校2年生やアフリカ系アメリカ人，少女たち，そして片親のみの10代が多いと報告している。
> 　マイノリティ（少数派）[1]の生徒たちが，友達がドラッグやアルコール問題（43％）や，学校の問題（30％），家族生活の問題（35％），校内暴力（32％）をかかえ，そして学校外ですることがあまりない（29％）と考えている。アフリカ系アメリカ人の生徒たちは，特に校内暴力を唯一最大の問題（51％）としてあげている。南部の高校生たちも，同じく校内暴力（40％）が深刻な問題となっているとしている。
> 　アメリカのマジョリティ（多数派）[2]の10代たちは，自分たちは幸福だ（93％），十分世話をしてもらっている（91％），自信がある（86％），そして幸運である（84％）と回答している。両親が頻繁に本を読み聞かせてくれたと回答した10代のうち73％は，友人を正しく選んだ自信があると答えているのに比べ，あまり読み聞かせてくれなかったと回答した10代でそう答えているのは52％である。
> 　より詳細な報告をみるためには，シェル石油のサイトを参照のこと。
> http://www.countonshell.com/SOC/ShellPoll/TeenTalk/TeensIndex.html

たりする時期だったのである。現代の10代が経験する感情のほとんどは，図書館員自身が10代だった頃に感じていたものである。こうしたお馴染みの（忘れているかもしれないが……）変化のさなかにいる若者たちと対するのは，時

---

[1] マイノリティは伝統的なWASP（白人＝White，アングロ・サクソン系＝Anglo Saxon，プロテスタント＝Protestant）の人々などヨーロッパ系アメリカ人以外のアフリカ系・ラティノ系（中南米からの移民）・アジア系や原住民であるネイティブ・アメリカンの人々を指す。人口数としては多数派になりつつあるが，アメリカ社会の中では政治・経済・社会面などから少数存在としてとらえられている。収入が低いなどの傾向が強く，大学進学や雇用に関しても差別されることが多く，積極的な優遇政策（affirmative action）によって，その状況を改善しようと努力が続けられている。

[2] マジョリティはヨーロッパ系アメリカ人を指す。人口としては少数派になりつつあるが，教育や政治・経済の実権を掌握することなどから「多数派＝マジョリティ」としてとらえられている。

として難しくつらいことかもしれない。しかし，青年期としては普通の心身的発達変化と，この変化に対するひそかな反応の両方を理解すれば，個人的に苛立つことはあるにしても，この大事な図書館利用者集団によい公共サービスを提供することができる。

　誰もが10代の頃の痛みに満ちた記憶をもっている。図書館で若者たちとともに図書館活動を行う際には，忍耐と同情をもって接すれば，誰もが通ってきた困難な道を越えようとしている若者たちを助けることが可能なのである。青年期のみじめな経験を思い出してみれば，図書館にやってくる10代に対して，もっと優しくなれるだろう。

　思春期（puberty）は，人間の一生のサイクルの中で加速的に肉体が発達する時であり，その速さは生後2年に次ぐものである。不幸なことに，肉体的成長の段階は同じ年齢集団の中でも異なる。同じ人間でもさまざまな変化が異なるレベルで同時に起こっていく。したがって，一見すると大人のように見える子どもに，成人と同じように行動することを期待するという誤りを犯しがちなのである。青年期においては肉体的な見かけはあまり当てにならないので，社会的成熟度のバロメーターとして見てはいけない（表1.2参照）。

　青年期初期の加速的肉体変化に伴い，若者は一般的に群れたがるようになり，過度の自意識が生まれてくる。この点で，若者は変化した（変化しつつある）肉体を認識し，自分たちは普通なのかどうなのか迷い，他人が自分にどのように反応するのかをひどく気にするようになる。この自意識への緩衝地帯として，友達を変化のバロメーターとして利用することがある。でも，自分自身に変化が起こる前に，友達に変化が起こるのを認識するのは難しいようである。

　青年期特有の自意識によって，10代は図書館員が自分たちに注意を向けるのを恐れて近づくのを躊躇することがある。というのも，若者は図書館員が自分たちをばかだと思うのではないかと考えたり，他人が見ているかもしれないし，聞き耳を立てているかもしれないと思ったりするからである。自意識のために，若者たちは必要なことやしてほしいことをはっきりと言えないようになることがある。図書館員の方からちょっと気を遣ってあげれば，こうした肥大

第1章 ヤングアダルト・サービスの哲学

表 1.2
初期思春期の発達に必要な7つのこと

1. 肉体的活動
    - 果てしないエネルギーと夢見がちな無気力
    - 成長する肉体は動く時と休む時を必要とする
2. 能力と達成
    - 自分自身についての自己認識
    - 何かをうまくやって, 賞賛を受ける必要がある
    - 自分自身の能力を証明する機会
3. 自己定義
    - 新しい世界を切り開く機会の必要性
    - 新しい体験と自分たちの役割について反省すること
4. 創造的な表現
    - 新しい感情と興味を表現する必要性
    - 自分自身を理解し受け入れてもらえるように援助する
5. 仲間たちや成人との積極的な社会的交流
    - 支持や親交, そして批判の必要性
    - お互いに分かち合いたいと思う関係
6. 組織と明確な制限
    - 組織のルールを知り理解すること
    - 安全は制限によって保障されていること
7. 有意義な参加
    - 社会的, そして知的な技能を示す必要性
    - 責任感覚の獲得

情報源:Patrick Jones, "Seven Developmental Needs of Young Adolescents" (A handout from Serving the Underserved, a seminar conducted by The Young Adult Library Services Association of the American Library Association, June 1994, in Miami, Florida). Based upon Gayle Dorman, *The Middle Grades Assessment Program: User's Manual* (Chapel Hill, N.C. : Center for Early Adolescence, 1981).

> 1997年に2000人の10代を対象にして行われた調査——秋に学校へもどる際に，10代は何を最も期待しているのか？
> 　　　89%　夏が終わって友人に会うこと
> 　　　84%　新しい仲間に会うこと
> 　　　71%　社会的な出来事やパーティなど
> 　　　70%　新しい服を購入すること
> 　　　67%　「新しいことを学ぶ」こと （原注6）
> 1992年高校3年生女子の調査——人生においてどんな生活価値観が「最重要」であると考えているのか？
> 　　　90%　仕事で成功すること
> 　　　80%　強い友達関係
> 　　　77%　自分自身の子どもたちによりよい機会を提供すること
> 　　　62%　余暇時間をもつこと
> 　　　49%　子どもを産むこと （原注7）
> なぜ10代は図書館を利用しないのか？
> 　　　74%　ほかの活動と競合するから
> 　　　38%　図書館サービスや情報源，行事などに興味がない
> 　　　31%　図書館サービスについてよく知らない
> 　　　3%　近所の安全性 （原注8）
> 　　　8%　図書館サービスを必要とする学校の宿題がない
> 　　　13%　交通手段がない

化した想像の産物としての恐れを乗り越えるのにかなり役立つだろう。

　多くの点で，青年期は子ども期と成人期の中間に位置している。10代の身体は，大人の身体になりはじめている。10代の多くは，大人の信頼を得て，知的に扱われたいと熱心に願っている。ただ，若者たちはまだ食事，住居，財政的援助といった基本的に必要なことを親に頼っており，年齢が与える経験も不足している。人生のこの時期，時を同じくして自立し，かつ人に頼らざるをえないことは欲求不満となりうる。

　社会的に青年期というのは親から離れていき，家族の外の，より広い世界と互いに依存し，かかわっていくようになる時期なのである。この年齢の友人関係は，大人として必要な社会的行動を表現する練習の舞台となることが多い。

　こうした強い仲間意識によって，若者たちはたいてい集団で行動し，自分たち

> 1992年高校3年生の調査――放課後の活動で,何に参加しているのか?
>   88% 友達と何かしている
>   73% そのへんをドライブしている
>   67% 親と何かしている
>   29% アルバイトをしている
>   24% コンピュータを使っている
>   8% テレビを見ている（原注9）
> 1994年調査では,10代は何が最も好ましい余暇時間の過ごし方だと回答しているか?
>   98% テレビを見ること
>   93% CDかテープを聞くこと
>   81% 電話で話をすること
>   80% 友達とぶらつくこと
>   75% スポーツをすること
>   73% 雑誌を読むこと
>   69% レンタル・ビデオを見ること
>   56% 趣味をすること
>   48% 映画に行くこと
>   33% 図書館か博物館に出かけること
>   24% ボランティアをすること（原注10）

の経験に関係のある他人を周囲において,自分たちを守ろうとする。実際,"危機に瀕する10代"[1]に関連する調査はすべて,問題を起こしている若者には友人がないことを示している。これは仲間集団に異常にひきつけられ,のめり込みすぎていることよりも,もっと深刻な問題を孕んでいるだろう。家族以外の人とどうやって友達になるのか,そして,どうやって友達関係を維持していくかを学ぶのは,成長していく上で普通の健康的なことであり,ヤングアダルトにとって特に重要なことなのである。この現実を認識した上で,作られるあらゆるサービス活動や方針が,ヤングアダルトに対するよりよい公共サービスを提供するために大いに役立つだろう。

---

1 Youth-at-Risk　1970年代以降アメリカ未成年者の社会問題の認識として表現され,財政・教育政策に反映されている。

▶▶ ヤングアダルトに誰がサービスするのか？

　あなたが働く図書館にヤングアダルトのスペシャリストがいるいないにかかわらず，10代の利用者がほかの利用者と同質の図書館サービスを受けることが，すべての職員の責任であることを明確にしておこう。ヤングアダルトが児童室のカウンター（デスク）[1]にやってこようが，レファレンスのカウンター（デスク）にこようが，あるいはヤングアダルト・コーナーのところにこようが，礼儀正しく対応し，その担当の専門知識の範囲内で援助をしなければならない。すべての10代利用者を，どのような情報を求めているかにおかまいなく，ヤングアダルト担当者にまわしてしまうというのは，図書館資源を十二分に活用することにはならない。そんなことをすれば10代利用者によいメッセージを伝えられず，たいていの図書館職員は自分を援助したくないのだという印象を与えることになるかもしれない。

　だから，図書館サービスをするすべての職員は，どのようにヤングアダルトにサービスするべきかを一般的にでも理解しておくべきなのである。特にヤングアダルトにサービスすることに関心があり，専門的な技能知識もある職員は，その知識を職員会議で広め，同僚におもしろい記事などを回覧するのがよいだろう。10代にサービスする秘訣をノートに書いて，利用者用カウンター（デスク）におき，ほかの職員にもわかってもらうのもよいだろう。YALSAでは，アメリカ中の図書館で，ヤングアダルト向けサービスについて正式に研修を行える講師のリストを用意している。

　答えを求める一人の人間としてヤングアダルトに接することによって，やがてヤングアダルトからの敬意を集め，図書館内をうまくコントロールできるよ

1　原書ではデスク。日本の図書館ではカウンターとしているところが多い。アメリカでは児童サービスや参考業務（レファレンス）の受付デスク（担当者も含めて）を別にしている図書館が多い。また，利用者カウンター（デスク）は受付と考えられる。日本では貸出・返却業務カウンター（デスク）と参考調査業務（レファレンス）カウンター（デスク）が別になっていない図書館は多く，利用者と接するカウンターと考えてよいだろう。アメリカの大規模図書館では受付があり，利用者の求めに応じて初期案内を行っているところもある。

うになるだろう。もし，あなたが誰かに対応している間，あるヤングアダルトが列に並んで待っていたら，ちょっと合図してこう言おう。「待ってて，すぐだから。」自意識過剰の多くの若者たちのことを忘れず，親切に，我慢強くなろう。若者たちの質問や質問方法をつまらないとか，ばからしいと思ってはいけない。そしてユーモアのセンスを忘れないように。職員の態度によって，ヤングアダルトを利用者として歓迎していることを示せば，若者たちばかりでなく，同僚やほかの利用者に対してもそのことを示すことになる。

ヤングアダルト図書館員

　理想としては，どの図書館にも少なくとも一人のヤングアダルト専門の図書館員がいて，図書館にやってくる10代の利用者の情報要求とレクリエーションのニーズに対応できるのが望ましい。ある調査によると，児童と10代の利用者両方にサービスしている子ども担当の図書館員は，22％だけその労働時間をヤングアダルト・サービスにあてている，となっている（原注11）。成人担当の職員や他の職員が補助的にヤングアダルト・サービスを担当する場合，10代に向ける時間やエネルギーはさらに少なくなる。公共図書館利用者の4分の1に対して優れたサービスをするには，時間を費やすことであり，専任職員の配置や独立した部門を設置すべきである。しかし，多くの図書館ではヤングアダルト担当の図書館員を雇うことができず，ヤングアダルト・サービスは，公共図書館財政逼迫の時期には真っ先に削減されることが多い。

ジェネラリスト

　もし，あなたの図書館にヤングアダルト担当の図書館員がおらず，ヤングアダルト担当部門もない場合には，なおさらのこと10代の要求が図書館に寄せられていることを明確化することが重要である。

　もし，ヤングアダルト・サービスをほかの仕事の担当と兼務で行う場合は，仕事の優先順位をつけ，どれから始めるかを決めることが何より大切である。図書館でのヤングアダルト向けサービスの計画を立て，その計画を実行するた

めに毎日のスケジュールを立てる。

　ほんのちょっとした図書館での不快な出会いによって，多くの若者は不思議に（でももっともだが），これから先も同じように扱われるのではないかと必要以上に取越し苦労をしてしまうので，常に快適なサービスをすることが何より大切である。ヤングアダルトを相手にあまり仕事をしたことのない図書館員は，いらいらして腹を立てがちで，それを表に出してしまう傾向がある。いろいろな意味でこれはよくないだろう。こういう図書館員は答えてほしい質問をかかえている恥ずかしがりの10代を図書館から遠ざけ，二度と利用するまいと思わせてしまうかもしれない。結局のところ，誰が来てほしくないと思われているところに行きたがるだろうか？　図書館全体のイメージも壊れてしまう。何度か粗末に扱われたというちょっとした経験が，公共図書館は行ってもあまりおもしろくないところだという評判を広めてしまうことになるかもしれない。

▶▶10代とどうやってつきあっていくのか

　図書館にやってくる10代とつきあうには，ほかの利用者集団とつきあうことと大きく違ってはいけない。ただほんの少しだけ注意を集中する必要がある。ヤングアダルトに対してどのように行動すべきかわからない時は，同じような状況で成人利用者にどうやって接するかを考え，それを活用しよう。もし，あなたが有能な図書館員であるなら，例外はあるかもしれないが，有能なヤングアダルト図書館員になれる資質をもっている。

尊重する
　おそらくヤングアダルト向け図書館サービスの最も重要な特色は，10代を尊重することであって，すすんで10代の利用者が求めている資料にアクセスできるよう援助しようとすることなのである。つまり，利用者の要求に応えるために図書館があらゆる手段を（例えば図書館間相互貸借制度を利用するとか，

オンライン検索を行うとか）尽くそうとすることが大切なのである。それはまた，10代が求めている情報が，どのようにわかりきったばかばかしいことだと思われたとしても，その質問をまじめに受けとめるということを意味している。もし，ある10代利用者が親と一緒に来館したら，親に何が必要かを聞くよりも，その10代利用者と直接話してみよう。

要求に応える

すべてのヤングアダルトは似たようなものだと考えるのは間違っている。図書館資料構築や行事，そして利用者への直接サービスを通じて，サービス対象の地域社会の多様な要求に応じていくことが大切なことである。つまり，青年期（adolescence）と青年（adolescents）の独自性，すなわち，肉体的，認知的，社会的，そして感情的に10代の若者たちが経験しつつある変化を理解する必要がある。これはまた，サービス対象地域のヤングアダルトの情報や娯楽について，正確かつ柔軟に評価することでもある。ヤングアダルトやその両親，学校図書館メディア・スペシャリスト，学校教師たちとコミュニケーションをとって，その情報要求を把握することも基本的に必要なことである。さらにヤングアダルトたちのレクリエーション要求を理解するために，流行しているポップ文化にもついていかなければならない。

親近感をもたれるように

有能な図書館員はカウンター（デスク）を防御壁として使わないし，利用者が援助を求めている時に忙しすぎるように見せたりしないし，利用者と目をあわせて対応するものである。つまり，図書館員は人々を援助するためにこそいるのだということをはっきり示すわけである。ほとんど当然のように自意識が強く，それでいて自分自身のことがわかっていないヤングアダルトに対する場合に，こういう姿勢が特に重要である。

援助する

　来館する10代の利用者に本当に役に立つためには，援助が必要かどうかを直接聞いてみなければならない。多くの図書館員がわかっているように，ヤングアダルトに援助が必要かどうか尋ねるよりも，むしろ必要なものが見つかったかどうかと聞く方がよい。この方が10代利用者に，自分が何をしようとしているかわからないと感じさせないですむ。いったん利用者に対して，あなたが喜んで助けるつもりがあるということをわかってもらえたら，その利用者の反応を尊重しよう。自分で何かを見つけ出して，はじめてやりとげたと感じる10代もいれば，あなたに助けてもらって感謝する10代ももちろんいるだろう。

辛抱強く，根気よく

　ロー・ティーン（10歳から15歳）を相手にする際には，忍耐が特に必要である。この時期，生まれつつある認識力は，急速に永続的に十分な発達をしたりするものではない。先週，雑誌記事索引の使い方を理解した13歳が，今週はそれを使えないようになっているかもしれない。学校の宿題に関して，学校図書館メディア・スペシャリストや学校教師と交渉しようとする際には，根気もまた必要になるかもしれない。しかし，忍耐と根気によって，あなたの時間と努力はのちに報われるだろう。

よい記憶力

　どのようなレファレンスの場合でも同じだが，いま話題になっている出来事やよく役立つレファレンス・ツールの名前（あるいは少なくとも配置場所）を思い出す能力が重要である。ヤングアダルトに対する際には，学校の宿題や情報源などを憶えておくと役に立つ。また，ヤングアダルト利用者の名前とその関心事，例えば，この少女はロマンス小説よりもSFが好きだとか，この少年は伝記にはまり込んでいるというようなことを憶えておくとよいだろう。もし，ある本を10代の利用者にすすめて，次の機会にその利用者が来館した時にその本についてどう思ったかを尋ねると，たいてい感動してくれる。

共感する

　どのような利用者に対しても，共感することは大切である。ヤングアダルトに対する場合には特に重要なことである。もし，あなたが10代の頃に感じていた不器用さと自意識，疑問と恐れを思い出すことができれば，ヤングアダルト利用者に対する時にもっとうまくやれるはずである。あなたにとって，小さな問題とかつまらない要求に思えることも，10代にとっては「世界の終わり」のようなものであったりする。「身体で示す」行動がどれくらい彼らの不安定さを示すものであるかを理解することができれば，あなたは10代をもっと上手に扱えるようになるだろう。

自分らしく

　ヤングアダルトたちはたいてい大人を権威の象徴とみているので，時として若者たちと対する時にリラックスしてくだけた雰囲気になるのもよいだろう。しかし，あまりに「クール」に見えすぎないようにすることが大切である。10代はとても簡単に見せかけを見破るので，あなたが自分たちと関係をもちたがりすぎると感じたとすれば，気安い雰囲気にしようとする試みは逆効果となるかもしれない。ヤングアダルトに接する時大切なのは，自分らしくすることである。若者たちが何を話しているのかわからなかったら，質問しよう。たいてい10代は大人から何かについて意見を求められることを喜ぶものだし，若者とうちとけて話をすることで，どんなことに関心があるのかがわかり，図書館のサービスの改善方法などについても多く学べるかもしれない。

うちとけた気持ちで

　青年期というのは自立心が芽生える時期であるため，多くの10代は最新流行の服装や髪型で新しく見出した自分らしさを示そうとする。図書館で若者に対する際には，この見かけを気にしないようにしよう。三つ揃いのスーツ姿に身を固めたビジネスマンに対するのと同じように，ピンクに染めたモホーク髪の若者に対しても接しよう。また，起こってもいない事件のことを心配するの

はやめよう。図書館へ入ってくる10代のグループが，いつでも問題行動をひき起こすわけではない。状況に適確に対応することが必要なのであって，ある年齢集団が起こすかもしれない典型的な行動に取り越し苦労をするのはやめよう。

ユーモアをもって

　ヤングアダルトたちに対する際には，あまりに生真面目になりすぎないようにすることが大切である。柔軟であることが10代との円滑な関係をつくりあげる上で重要である。多くの場合，10代とうまくやっていくには，生真面目になりすぎないで柔軟にやっていくことが大切である。こちらがリラックスしていれば相手も気楽になれるし，よりよい関係をつくるのにとても役立つはずである。

原注
1. Ana Marie Cox, "Wasted on the Young", FEED http://www.feedmag.com July 10, 1998.
2. Shell Oil Company, Teens Talk to America, 1999. Available at http://www.countonshell.com/SOC/ShellPoll/TeensTalk/TeensIndex.html
3. U. S. Department of Education, National Center for Education Statistics, *Library Statistics of Colleges and Universities*, various years; and Integrated Postsecondary Education Data System, "Academic Library Survey."
4. Terry Stevens Ayers, *Youth Participation in School and Public Libraries: It Works*, by the Youth Participation Committee of the Young Adult Library Services Association, a Division of the American Library Association, ed. Caroline A. Caywood (Chicago : American Library Association, 1995), xi.
5. Patrick Jones, *Connecting Young Adults and Libraries : A How-to-Do-It Manual*, rev. ed. (New York : Neal-Shuman, 1997).
6. Excerpted from Lisa C. Wemett, "Young Adults by the Numbers," *Statistics Shared in "Family Feud" and Their Sources* from Teenage Research Unlimited, Northbrook, Ill. Press release posted on the Web site, www.teensearch.com/school97.html, "What Back-to-School Really Means to Teens."

7. Excerpted from Lisa C. Wemett, "Young Adults by the Numbers," *Statistics Shared in "Family Feud" and Their Sources* from U.S. Department of Education, National Center for Education Statistics, "National Longitudinal Study" First Follow up Study, "High School and Beyond," Youth Indicators 1996, Indicator #55, "Values." http://nces.ed.gov/pubs/yi
8. U. S. Department of Education, Office of Educational Research and Improvement, National Center for Education Statistics, *Services and Resources for Children and Young Adults in Public Libraries* (Washington, D.C. : U.S. Government Printing Office, 1995), 54-55.
9. Excerpted from Lisa C. Wemett, "Young Adults by the Numbers," *Statistics Shared in "Family Freud" and Their Sources* from U.S. Department if Education, National Center for Education Statistics, High School and Beyond, Second Follow up Study, Youth Indicators 1996, Indicator #40, "After School Activities." http://nces.ed.gove/pubs/yi
10. Excerpted from Lisa C. Wemett, "Young Adults by the Numbers," *Statistics Shared in "Family Freud" and Their Sources* from Peter Zollo, *Wise Up to Teens* (1995), p.88. Teenage Research Unlimited Teenage Marketing and Lifestyle Study 1994. http://www.teenresearch.com
11. U. S. Department of Education, Office of Educational Research and Improvement, National Center for Education Statistics, *Services and Resources for Children and Young Adults in Public Libraries* (Washington, D.C. : U.S. Government Printing Office, 1995).

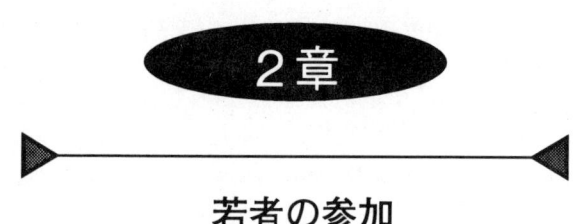

若者の参加

　図書館でヤングアダルトにサービスするのに最もてっとり早い方法は，企画段階からヤングアダルトに参加してもらうことである。10代助言委員会[1]を設定するのは時間をとられすぎるという思い違いが一般的にあるが，図書館活動の企画段階から若者に参加してもらうことによって，最も強い要望は何かをすばやく理解し，この年齢集団向けの資料収集や行事実施に際して起こる試行錯誤を回避し時間を節約することができる。若者の参加は，簡単なところでは図書館で10代にボランティアやアルバイト[2]をしてもらうことから，10代代表のために図書館理事会[3]や図書館設立委員会[4]にポストを確保しておくことまであげられる。

　『学校・公共図書館における若者の参加』（原題 *Youth Participation in School and Public Libraries : It Works*）という本の中では，若者が参加するプログラムをうまく行うには次の要件を満たす必要があるとしている。

- あらゆる年代の若者が「トラブルメーカー」や成績優秀者としてではなく参加できる。

1　Teen Advisory Board　成人利用者で構成される図書協議会の10代版。TABと略称される。
2　10歳から15歳のロー・ティーンの場合，アルバイト先は限られる。公共施設でのアルバイトやボランティアは内申書に記入することもでき，上級学校へ進学するとき査定対象となるので10代には人気がある。日本でも最近，職業体験学習（インターンシップ）をしたり，ボランティアを単位として認めたりし始めている。
3　Library Board of Trustees　アメリカの公共図書館の運営母体となっていることが多い。
4　Foundation Board　財政運営母体。成人で構成される，これらの運営母体の会議に10代利用者を参加させ，運営に対して意見表明可能にすることをさす。

- 若者にチャレンジに満ちたおもしろい活動への参加をうながし，その活動の主導権を握らせ，責任をもたせ，運営をまかせる。
- 若者たちに適切な訓練を施し，仕事がうまくできるか見守る(原注1)。

　YALSA（ヤングアダルト図書館サービス部会）の若者参加委員会（Youth Participation Committee）は ALA（アメリカ図書館協会）の会議が開催されるたびに集まって，図書館や専門的な活動に若者の参加をうながすための方法を考えている（表2.1参照）。YALSA は図書館の若者グループとその援助者たちが考えを交換するためにつくられた電子ディスカション・リストである YA-YAAC[1] のホストでもある。

▶▶ 調査

　調査は10代に図書館サービスを知ってもらうのによい方法である。調査は学校や公共図書館で行える（許可は必要である）し，書いてもらうかインタビューするか，正式のやり方あるいはくだけたやり方で行うことができる。調査はヤングアダルト・サービス全体の適切な方向を決めるために使われたり，あるいはヤングアダルト・サービスの中のある特定の側面，例えば，行事のアイディアを生み出したり，資料構築の参考になるような地域の YA の読書興味を知るなどといったことを目的として行われる。

　調査を実施する前に，何を知りたいのかはっきりさせておく。すでに図書館で10代利用者のグループと一緒に仕事をしているのなら，その若者たちを調査項目の検討段階から参加させるのがよいだろう。質問事項ははっきりと明確でなければならない。サンプル調査は多くの YA 関係の専門出版物に出ている（表2.2参照）。

1　YA-YAAC は YALSA が運営しているディスカッション・リストのひとつで，10代助言委員会のメンバーおよびそこにかかわる YA 担当図書館員がメンバーである。

> **表 2.1**
> **YALSA 若者の図書館活動参加のためのガイドライン**

> 若者が参加するプロジェクトは次のような特色をもつべきである
> ○若者にとって実際に興味や関心があるテーマを中心にする
> ○直接かかわる若者たち以外の人にも参加できるものがあるようにする
> ○前もって計画段階から若者が参加できるようにしておく
> ○特定の実行可能な仕事に焦点をしぼる
> ○大人の支持とガイダンスを受けながらも，大人に支配されないようにする
> ○リーダーシップとグループとしての仕事能力を学び，展開できるようにする
> ○訓練の機会とともに，なしとげた進歩と出会った問題について話し合う機会をもたせる
> ○若者の決定が実行されているという明らかな証拠を示す
> ○ヤングアダルトのためではなく組織の利益となるような仕事のために，若者を利用するのは避ける
> ○定期的に参加者を募る
> ○プロジェクトを実施する前に，図書館職員の労働時間や計画のための財政，管理運営者の支持，交通手段の確保などを計画しておく
> ○現在進行中の長期的な活動であることを示す

> 情報源：Youth Participation Committee of the Young Adult Library Services Association, American Library Association, *Youth Participation in School and Public Libraries : It Works,* ed. Caroline A. Caywood (Chicago : YALSA, 1995), 5.

　生徒たちにも同じように，調査の実施に参加してもらうことができるだろう。ヤングアダルトたちは図書館へやってくる同じ年齢の子どもたちに質問することができるし，学校調査表を配る手伝いができるはずである。10代の若者たちはまた調査で集められたデータの集計や結果の分析を手伝ってくれるだろう。

　調査結果を実際に生かしていくことが大切である。10代が利用したいと興味を示した資料を購入し，10代が関心を示した特定の分野に関連する行事を

第2章
若者の参加　**21**

企画する。コメントを批判として受け取らずに，ヤングアダルトに対する図書館サービスを改善するためのアドバイスとして利用していく。

表2.2
ヤングアダルト図書館調査

1. 今日，何冊（本，雑誌，テープ，など）借りましたか？＿＿＿＿＿＿＿＿
2. 図書館で，何か特定のものを探しましたか？　はい　いいえ
   もし，あなたがただぶらぶらしていただけなら，質問3はとばしてください。
   もし何か特定のものを探していたなら，下にそれらを書いてください。
   ア ＿＿＿＿＿＿＿＿＿＿＿＿＿＿＿＿＿＿＿＿＿＿＿＿＿＿＿
   　　見つけましたか？　　はい　いいえ
   　　学校のためでしたか？　はい　いいえ
   イ ＿＿＿＿＿＿＿＿＿＿＿＿＿＿＿＿＿＿＿＿＿＿＿＿＿＿＿
   　　見つけましたか？　　はい　いいえ
   　　学校のためでしたか？　はい　いいえ
   ウ ＿＿＿＿＿＿＿＿＿＿＿＿＿＿＿＿＿＿＿＿＿＿＿＿＿＿＿
   　　見つけましたか？　　はい　いいえ
   　　学校のためでしたか？　はい　いいえ
   もし3冊以上探していたのでしたら，この紙の裏にリストアップしてください。
3. もし，あなたがただぶらぶらしていただけで，特に探しているものがなかったのなら，何かおもしろそうなものを見つけましたか？
   　　はい　いいえ
4. 全然，違う理由で図書館に来たのですか？　例えば，プログラムに参加しに来たとか，友達に会いに来たとか，洗面所を使いに来たとか。
   　　はい　いいえ
5. 何歳ですか？＿＿＿＿＿＿
6. 図書館について何か言いたいことはありませんか？　何かありましたら，この紙のうしろに書いてください。

質問に答えてくれてありがとう！　図書館を出る時に，しるしをつけた箱に，この用紙を入れておいてください。

情報源：Virginia A. Walter, *Output Measures and More : Planning and Evaluating Public Library Services for Young Adults* (Chicago and London : American Library Association, 1995), appendix B.

▶▶ フォーカス・グループ——対象とする利用者集団

　もし，あなたの働く図書館で何か新しいサービス，例えばYA向け資料を構築するとか，夏休みYA向け読書プログラムとかを始めることを考えているとしたら，効果的に企画していくのにはフォーカス・グループが役に立つだろう。企画段階から10代の少人数の若者グループに加わってもらえれば，ヤングアダルト向けサービスを計画する際に司書がしばしば見落としてしまうようなことを指摘してくれる。

　フォーカス・グループは，図書館員が新しい図書館サービスの対象としている利用者集団を代表する10代の若者たちで構成するのが効果的だろう。年齢と性別のバランスに注意を払うべきだし，地域のさまざまな学校や社会経済層，人種民族グループの代表でもあるようにもするべきである。グループの力関係を考慮して，ある特定のテーマを検証するためにひとつ以上のフォーカス・グループをつくりあげることになるかもしれない。フォーカス・グループは地元新聞や学校を通じて宣伝して，注意して選ぶかあるいは募集して参加者を募ることができる。

　フォーカス・グループの会合の日取りは，参加者のスケジュールや時間の都合にあわせて組み，会合は能率よく進めなければならない。会合の前に協議事項を準備して，そのテーマについてあらゆる面から明確に討議できるように，できるだけ脱線しないようにする。

　新しい図書館サービスの企画の段階からフォーカス・グループに生徒たちが参加できるようにし，サービス内容が決定されてからということのないようにするべきである。生徒たちの意見はその図書館サービス実施に際して考慮されるが，すべての提案が必ず実施されるわけではないことをはっきりさせておく。

　提案された図書館サービスのあらゆる面について，フォーカス・グループに意見を述べてもらい，図書館側では思いもつかないような状況についても，生徒たちに自由に考えを出し合う機会を与える。

　フォーカス・グループは一般的にある一定の期間の間に会合をもつべきであ

る。たいていの場合、新しい図書館サービスを開始するのに必要な情報を得るのには1回か2回の会合で十分である。そのサービスが実施されてから、あるいは短期間のプロジェクトが終了したあとで反省会を開いて、生徒たちにそのプロジェクトが成功だったかどうか、そして改善するにはどうしたらよいかについて意見を述べてもらう。

　フォーカス・グループは、ヤングアダルト・サービスを計画する上でとても優れた方法である。10代の若者は、計画段階から参加できる機会が与えられることをしばしば感謝する。若者たちに参加してもらうにあたって図書館が負担するのは、会合の際の軽食代と彼らへの感謝くらいのものだろう。すべてのボランティアに対してと同様、図書館に対して提供してくれたことについて、口頭でも文書でもよいが、このフォーカス・グループの参加者に公に感謝を示すのが礼儀にかなっている。

▶▶ジュニア図書館友の会

> ジュニア図書館友の会をつくるにあたって必要な情報は、図書館友の会USA (FOLUSA) から入手可能である。住所は 1420 Walnut Street, Suite 450, Philadelphia, PA 19102. 電話番号は 1-800-9FOLUSA　ホームページのアドレスは　www.folusa.com

　成人の図書館友の会と同様、ジュニア図書館友の会の基本的な役割は、図書館のための基金を集め、地域で図書館についての意識を高めることにある。ジュニア図書館友の会は、成人の図書館友の会と共同して、伝統的な基金集めの方法である本の販売やケーキ販売、あるいは何かほかの方法を考え出してもよいだろう。ジュニア図書館友の会は成人図書館友の会をモデルとして、ヤングアダルト図書館員やほかの図書館員、あるいは成人のボランティアに監督されることになるだろう（表2.3参照）。

　10代の若者ができる基金集めとしては、さまざまなアイディアが考えられる。例えば、ふつうの図書館活動範囲外で開かれるダンス・パーティやコンサー

表2.3
ジュニア図書館友の会を組織する

1. グループの目標を決める。目標には人々に図書館の利用をうながすことや,図書館内での物理的な援助を提供すること,飾りつけをすること,おはなし会の手助けをすることなど,あるいはこれらを組み合わせたもの。両親たちはたいてい図書館友の会のリーダーであったり,メンバーであったりすることが多い。図書館員は親たちの責任を当然のことと思って期待してはいけない。しかし,親たちは行事や事業の企画,宣伝,スケジュールの決定に参加すべきである。
2. 成人の援助が得られる範囲内で年齢層を決定する。年齢層としてはK-1, 2 - 4, 5 - 8, 9 - 12[1] といった学年を考える。扱いやすいグループから始める。いつでもひろげていくことはできる。
3. 会費を設定する。たとえ額が非常に少なくてもかまわない。それによってグループの重要性を増すことになる。特にグループができる初期の段階においては,成人の図書館友の会がジュニア図書館友の会のために基金を補助したり,軽食を提供したり,会員証を発行してあげてもよい。
4. 正式な会合をもつ。グループの年齢に従って,規則を提示し,実現見込みのある行事や事業について討議する。
5. できれば,事務担当者を選ぶかあるいは選ばせる。
6. いくつかの委員会を組織し,誰もが最低そのひとつに参加するようにする。行事や事業,会員資格や宣伝などの委員会が考えられる。
7. 実現の見込みのある事業を発展させる。ジュニア友の会の事業としては,ジュニア本のおすすめプログラムの後援,祭日の飾りつけ,クリッピング・ファイル[2] の作成,さまざまなコンテストの後援,同世代のための書評,おはなし会の手伝い,地域のお祭りの手伝い,などが考えられる。
8. 会合の事務的な部分は手短に。
9. 事業は仕事と遊びのバランスをよく。
10. 成人に計画の責任をとらせてはいけない。決定はジュニア図書館友の会の会員がするべきだが,事業計画が野心的になりすぎないよう成人に見てもらうべきである。

情報源:Friends of Libraries U.S.A. "Fact Sheet #5, How to Organize a Junior Friends of the Library Group."

---

1 K-1は幼稚園児5～6歳児から小学校1年生をさし,2 - 4は小学校2年生から4年生,年齢では7歳から9歳。5 - 8は小学校5年生から8年生(日本では中学2年生にあたる),年齢では10歳から14歳。9 - 12は9年生から12年生(日本では中学3年生から高校3年生にあたる),年齢では15歳から18歳。
2 新聞や雑誌記事の切抜きやパンフレット,リーフレット等を件名ごとに分けてファイルしたもの。バインダーやファイル・キャビネットに整理しておく。地元に密着した調べもの(地元の歴史や産業などについて)を行う際に役立つ。作成や整理段階からYAに参加してもらうと,さまざまな効果が期待できる。

トといったプログラムの入場券を販売したり，地元の本屋や小売店の一日または一晩の売上げの一部を図書館に寄付してもらうようお願いすることなどである。

ジュニア図書館友の会はまた，お金のかからない活動，例えば図書館のニュースレターを作成したり，図書館内や地域で図書館の代表としてボランティアの仕事をしたりすることができる。こうした活動によって図書館サービスに対する認識が高まり，地域での好感度も増すのである。

▶▶10代助言委員会

ヤングアダルト向け行事を始めるのに最もたやすいやり方は，すでに図書館利用者である生徒たちに参加してもらうことである。常連さんや10代の図書館ボランティア，アルバイトなどを入門的な会合に誘い，口コミで情報を広め友達をつれてきてもらうよう頼むのである。学校もまた，この助言委員会を宣伝するのに最適の場となる。学校図書館メディア・スペシャリストと協力して，学校の玄関ホールや学校新聞か公共の新聞に掲示を出してもらったり，学校の先生に手紙を書いて参加に関心をもってくれそうな生徒を紹介してくれるように頼む。学校によっては，学期の始めに校内放送で読み上げたり，個々の先生方が教室で読み上げたりしてくれるところもある。もし，10代助言委員会(Teen Advisory Board=TAB)の応募があなたの予想より多かった場合は，参加希望者の中から組織に最大の貢献をしてくれそうな人をしぼっていく方法を考えなければならないだろう。もし，担当図書館員が気持ちよく会合を監督できる以上の希望者があった場合は，書類審査と面接を考えるべきだろう。図書館によっては，こうした場合に年齢別や学校別，関心分野別に10代グループをいくつかつくるところもある。

いったん10代助言委員会をつくったら，生徒たちに自分で会合の運営をさせることが大切である。どのような集まりにしたいのか，いつ，どれくらいの回数で集まるのか，どのような活動に参加したいのかを10代の若者たちにたず

表2.4
10代助言委員会の活動例

行事を計画する

図書館の本を買うために地元の本屋へ行く

雑誌の書評をしたり，本をすすめたりして図書館資料の構築を手助けする

展示をする

10代がおもしろいと思う読み物や遊び方について図書館員に教える

地域コミュニティにある若者相手の団体の10代と一緒に企画する

グループに所属しているという意識を育てるために「お互いをよく知ろう」活動をする

本についておしゃべりする

殺人推理小説を書いたり，演じたりする

図書館のニュースレターをつくる

専門家の会議，アメリカ図書館協会や地元の図書館協会の会議に参加する

病院などにいる年下の子どもたちに本を読んであげる

ヤングアダルト向け夏休み読書行事を企画し，年下の子どもたちの夏休み読書行事を10代が手助けする

10代の視点に立った図書館ビデオを制作する

図書館のホームページをつくったり，その手助けをしたりする

10代のおすすめによる本のリストや特別コレクションをつくる

ほかの図書館の10代助言委員会の委員を図書館に招待して，若者が参加する会議で考えを相互に交換する

10代あるいはもっと若い子どもたちのために図書館お泊り行事を主催する

ねる。図書館に貢献できる方法について考えやすいように，できることのリストを生徒たちに渡す。しかし，同時に若者が自分たち自身のアイディアを出せるようにしておく（表2.4参照）。

　10代助言委員会に，その参加者の協力のもとに，何をすべきかの声明文を作成してもらうのがよいだろう。委員会は会合での行動基準をつくるべきである。例えば，インディアナ州ブルーミントンの若者助言委員会では，集まりで誰の発言の順番かを示すために，ゴム製のにわとりを使っている。毎年はじめ

に，10代助言委員会が達成すべき目標，あるいは優先すべきことを生徒たちに決めてもらうのがよいだろう。年の終わりには，生徒たちに評価してもらい，自分たちの達成したことをふりかえり，実現できたことをはっきりさせ，次の年に改善すべき分野を提案してもらう。

10代助言委員会の組織の例については「付録A　ルイズヴィル公共図書館10代助言委員会内規」(By-Laws for the Louisville Public Library Teen Advisory Board) を参照されたい。

グループが順調に動き出すようになる前の初期段階では，集まりで軽食を出すことによって，若者たちの心をぐっとひきつけられるかもしれない。10代の若者たちが決めた活動にもとづいて，各会合で話し合うべき項目をつくっておくことにより，担当図書館員は仕事がしやすくなる。もし，グループが役員を選ぶことにした場合には，10代助言委員会のリーダーか副リーダーに，会合の計画と進行や会員に郵送する議事録の作成にも携わってもらう。

必ず10代助言委員会が図書館と地域社会の両方で成果をあげるよう奨励する。ほかの図書館ボランティアたちであれば表彰されるような時には，いつでも10代助言委員会のメンバーも賞賛することを忘れてはいけない。食べ物や遠足，そして簡単な感謝や賞賛といった，ちょっとしたご褒美は，担当図書館員の仕事を手伝ってくれる10代の若者たちに報いるのに大いに役立つ。10代助言委員会を成功させるにはそのようにすべきである。

若い参加者たちは行事計画やコレクション構築，マーケティング，基金集め，そして代弁者として図書館を助けてくれるし，それはまた図書館員が若者たちのメンター（よき助言者）としてサービスする機会を与えてくれることにもな

> 僕にとって，10代図書館理事会は同じ年頃の子に会って，何か同じこと（例えば，ケーブルテレビがないとか）を共有したり，本を読むのがおもしろいと思う子に会ったりする手段だったんだ。それに，自分だと借りなかったような，いままでと違うジャンルの本や作家を，いろいろな理事会のメンバーが紹介してくれる。僕は，自分がここから得たものと同じくらいのことを行事に対してできればと思っている (原注2)。

る。一方，ヤングアダルトたちはその見返りに図書館がどのように機能し，どのような情報源を提供しているかをもっとよく理解することになる。また年齢，育った環境，興味が必ずしも一致しないほかの生徒たちを尊重することを学び，目標を達成するためにチームとして仕事をすることの大切さを学ぶのである。加えて，ヤングアダルトたちは公共サービスにおける責任と誇りの感覚を身につけ，やがてそれは大人の市民になった時に自分たち自身と地域コミュニティに役立っていくことになるだろう。そして，おそらく最も重要なことは生徒たちと図書館員とがともに楽しみを分かち合うことなのである。

原注

1. Youth Participation Committee of the Young Adult Library Services Association, a Division of the American Library Association, *Youth Participation in School and Public Libraries: It Works,* ed. Caroline A. Caywood (Chicago : YALSA, 1995), 3.
2. Adam Tierney, Carmel Clay (Ind.) Public Library Teen Library Council member, 1998.

3章

ヤングアダルト向けサービスを計画する

　もし，あなたがはじめて図書館でヤングアダルト・サービスをつくりあげようとしているか，あるいはすでにあるサービスを拡大しようとしているのなら，最初に必要なのは管理職に「このアイディアを売り込むこと」である。『図書館測定評価：ヤングアダルト向け公共図書館サービスの計画と評価』（原題 *Output Measures and More : Planning and Evaluating Public Library Services for Young Adults*[1]）には，ヤングアダルトへのサービスを図書館で優先的に行うべきであると管理職を説得する際に役立ついくつかのポイントがあげられている (原注1)。また，すでに実施しているサービスの詳細な測定方法とともに，ヤングアダルト向け図書館サービスの具体的な計画と役割分担に関する役立つ情報が書かれている。

　「なぜ」ヤングアダルトにサービスする必要があるのかを説明するとともに，図書館でこの年齢層のニーズに「どのように」応えるのかも知っていなければならない。カンザス州トペカのウォッシュバーン大学のメディア・カリキュラム担当司書ジュディ・ドルーズが作成した「管理職に焦点をあわせた質問」を参考にすれば，ヤングアダルト・サービスをうまく切り開くために図書館管理職を説得する際に注意すべきことがらを理解することができる（表3.1参照）。

---

[1] *Planning of Options and Procedures: a Manual of Options and Procedures.* By Charles R. McClure et al. (Chicago : ALA, 1987) と *Output Measures for Public Libraries*, 2nd ed. By Nancy A. Van House et al. (Chicago : ALA, 1987) という公共図書館活動評価のYAサービス版として出版された。類書に児童サービス評価のための *Output Measures for Public Library Service to Children: A Manual of Standardized Procedures.* By Virginia A. Walter. (Chicago : ALA, 1992) がある。

> 表 3.1
> 管理職に焦点を絞った質問
>
> YA 向け図書館サービスを評価するための管理職・係長・主事への質問：
>
> YA サービスに対応する最適の人物を担当者にしましたか？（児童図書館員である必要はありません）
>
> 1．政策
> 　あなたの図書館には，「図書館の権利宣言」を支持し，YA のための平等なアクセスについてふれられている解説を明文化した図書館方針がありますか？
> 　あなたの図書館は，破壊的な行動についてすべての利用者に適用される明文化された方針をもっていますか？
> 　YA の心身発達上必要とされる要望に対するサービスを妨げたり，それに応えないような方針が存在しますか？
> 2．研修
> 　あなたの図書館の職員は，破壊的な行動に対して図書館方針にしたがって対処できるよう研修を受けていますか？
> 　あなたの図書館の職員（守衛にいたるまで）は，YA を理解するように研修を受けていますか？
> 　すべての職員が図書館の方針や制限ばかりでなく，職員としての適切な行動と対処のしかたについて理解していますか？
> 3．若者の参加
> 　YA は自分たちに対する図書館サービスや方針の企画に積極的に参加していますか？
> 　地域の YA たちが図書館に何を期待しているか知っていますか？
> 　図書館がしていないことで，YA がしてほしいと思っていることは何だと思いま

　ヤングアダルト・サービスは，あなたの図書館計画の中に明記されるべきものだということをはっきりさせておく。公共図書館部会のガイドブック『実りのある計画』（原題　*Planning for Results*）ではヤングアダルト・サービスにも応用可能な計画過程の詳細な概観が示されている (原注2)。これにはニーズを見極めることや，情報源を評価すること，目標や目的を確立することについて

すか？
4．理事会と図書館友の会
　YAにサービスすることが重要であるということを，理事会や図書館友の会のメンバーは理解していますか？
　YAの図書館利用を促進するために，理事会や図書館友の会は何か提案していますか？
5．YAコーナーの位置
　YAコーナーは静かな学習エリアの近くにありますか，それとも正面玄関や貸出・返却カウンター（デスク）に近いところですか？
6．図書館公文書
　予算の中にYA向け経費の項目はありますか？
　YA向け資料のための資料構築計画はありますか？
　年度報告書のような図書館公文書の中に「ヤングアダルト」という言葉は示されていますか？
7．使命，未来像，目標，目的
　あなたの図書館には，図書館の使命あるいは未来像を示した声明文と，それに沿った形でYAたちにサービスするための声明文がありますか？
　YAたちにサービスする図書館の目標と目的は何ですか？
8．測定と評価
　YAサービスの成功度をどのように評価していますか？
　「出力測定評価」に書かれている評価測定法を利用していますか？

情報源　：Judy Druse, "Focus Questions for Administrators" (from the manual for Serving the Underserved II, a seminar conducted by the Young Adult Library Services Association of the American Library Association, January 1996, in San Antonio, Texas), 3-16.

　の情報が示されている。また，以下に示すような図書館の未来像や使命，サービスの責任を発展させるための計画委員会には，図書館員や管理職とともに，地域コミュニティのメンバー（ヤングアダルトも含めて！）が参加することをすすめている。
　図書館はこうした成果（地域のニーズにあった）を得るため努力すること

　　　　未来像
　これらのサービスを提供することによって
　　　　サービスの責任
　こんな言葉に要約されるが，それは地域コミュニティにとって
　意味のあるものである
　　　　使命

　ヤングアダルト担当図書館員は，ヤングアダルトのニーズがこれらの声明にもりこまれるようにしなければならない。
　YALSA は図書館でヤングアダルトを担当する図書館員の技能を評価できるように，あるいはヤングアダルト担当で働く図書館員を新しく雇う際に基準となるように，ヤングアダルト図書館員の専門性のリストを作成している。131ページの「付録B　ヤングアダルトに最良のサービスを：YALSA によるヤングアダルトにサービスする図書館員の専門能力」（Young Adults Deserve the Best: YALSA Competencies for Librarians Serving Youth）を参照されたい。
　図書館でヤングアダルト・サービスを実施するための援助を管理サイドから受け，10代の若者を相手に働く能力ある図書館員を担当者にできたら，地域コミュニティにおけるヤングアダルトについての情報を収集し，この年齢集団が現在受けているサービスについて評価をしなければならない。
　その際には必ずヤングアダルトにも参加してもらうようにする。地元の新聞や商工会議所，学校から得た人口統計上の情報によって，地域コミュニティにおけるヤングアダルト層の一定の側面を明らかにできるにしても，子どもたち（フォーカス・グループや調査，あるいはほかの非公式の方法を通じて）と話すことによって，より微妙なニーズや関心を知ることができるだろう。
　地域コミュニティで若者にサービスしているほかの団体，例えば教会や若者グループ，公園およびレクリエーション部，クラブ，スポーツ・チームなどと接触して，10代の若者に対してすでにどのようなサービスが行われているかを知る。これは地域で10代の若者にサービスしているほかの団体と協力する

機会を得ることにもなり，サービスの重複を避けることによって，行事への参加の競合を減らすこともできる。

一度集められた情報を分析すれば，ほかでは提供されていない10代の若者のニーズにあう活動計画をつくりだすことができる。

▶▶ヤングアダルト・サービス計画

もし，あなたの図書館に今までヤングアダルト・サービスがなかったのなら，あるいは，あなたの図書館のYA向け行事を実質上変更しようとしているのなら，図書館員や地域住民に対してばかりでなく，図書館理事会や管理職に示すために，正式のヤングアダルト・サービス計画を作成するのがよいだろう。その計画は「ヤングアダルト」とは何かを定義づけするところから始めなければならない。YALSAの定義ではヤングアダルトは12歳から18歳の年齢層の人々となっている。この定義は図書館によって大いに異なる。あなたの図書館ではこの年齢層の中でも，もっと狭い範囲に焦点をあてようとするかもしれないし，あるいは年齢幅をもっと上げるか，(いくつかの書店がすでにそうしているように)年齢幅を下げるかもしれない。あなたのYA計画ではヤングアダルトへの図書館サービスを提供する理論的根拠を示すとともに，どういったサービスが必要とされるかの詳細な説明を示すべきである。そのYA計画で提案した各部分の達成時期をも示すことになるだろう。

YA計画の例として，137ページにあげた「付録C ヤングアダルト向け図書館サービス計画」(Plan for Library Services to Young Adults)を参照されたい。

▶▶ヤングアダルト・サービスの目的と目標

ヤングアダルト・サービスの未来像や使命，長期計画を作成したら，その次にくるのは，それらの文書にもとづいて特定の目標と目的をつくりだすことである。目標は広く遠大なものであるべきである。それはヤングアダルトに図書

> 表 3.2
> ヤングアダルト・サービスの長期目標と目的の例

1. 図書館が援助するのに適しているヤングアダルトの要求を見極める
   若者の参加をうながし，中学生と高校生の協力をあおぎ，10代の若者たちと綿密な相互検討を行い，効果的なテクノロジーの利用とたゆまぬ専門的な努力によって行われる。
2. ヤングアダルトたちの要求に応えるため効果的な戦略を実行する
   多様な形態の人気ある資料を収集し，現在，そして歴史的なことがらについて幅広いものの見方を示し，質的にも量的にも外部に対して測定可能な方法で評価できる図書館行事を行うことによって実施される。
3. 図書館が提供する幅広いヤングアダルト向け資料とサービスを，効果的，創造的に進め，広報していく
   図書館の発行物やアウトリーチ，そのほかPR活動によって行われる。
4. ヤングアダルトたちがもつ情報を得る権利と要求を図書館と地域で代弁する
   地域内の学校や10代の若者たちに対して活動している団体との協力関係を通じて行われる。

情報源：Renée J. Vaillancourt, "Young Adult Long Term Goals / Objectives," Carmel Clay (Ind.) Public Library, November 1995.

館サービスを提供することによって，成し遂げられるようなものでなければならない。何を目的とするかによって，達成にいたるまでの具体的な段階は変わってくる（表3.2参照）。

▶▶実施計画

日常的な計画とともに，目標達成に役立つ個別の実施計画を作成する必要がある。実施計画は年間目標を設定し，各目標の達成段階や達成時期を示すものとなる。図書館がYAサービスも含めたサービス全体の中で優先する分野と関連づけて実施計画をつくりあげるのがよいだろう。実施計画では，目標を達成するために必要な時間と職員の数を考慮に入れるべきである。もし達成でき

第3章
ヤングアダルト向けサービスを計画する | 35

表3.3
ヤングアダルト向け図書館活動計画の例

図書館資料

　5月15日までに7年生（14歳）と8年生（15歳）向けのおすすめ読書リストを作成すること。

　8月15日までに，YAからの提供情報にもとづいて（10代助言委員会や調査，レファレンスでのやりとりを通じて），10代が読みたいと思うタイプの本を見つけて，わかりやすくするためにジャンル別に本にシールを貼っておくこと[1]。

コンピュータ関係

　5月1日までに夏休みの読書行事の登録とボランティアの日程をオートメーション化しておくこと。

　9月1日までに，10代助言委員会の力を借りて，YAの関心と要求により密着したリンクを増やして，YA向けウェブ・サイトを改善しておくこと。

図書館運営

　2月15日までに行われる現場訓練や6月と9月発行の職員向けニュースレターの記事によって，YAサービスについて職員の意識を高めること。

アウトリーチ

　9月から12月にかけて，高校図書館の利用者グループと一緒に本と映画の討論プログラムをつくりあげること。

専門職研修

　4月15日までに，図書館専門雑誌にうまくいった殺人推理小説のプログラムについて記事を書くこと。

　8月1日までに，知的自由に関する専門職研修に最低一度は参加すること。

行事計画

　5月の全クラス学校訪問の際に，また，地元の10代の若者のたまり場や地元のマスコミでの宣伝を通じて，夏休み読書やそのほかの行事を売り込み，図書館主催夏休み行事への高校生の参加を増やすこと。

　4月と10月に中学校の生徒のための新しい行事を2つ計画すること。

10代助言委員会

　8月30日までに，増えてきた生徒の参加要求に応えて，中学生のためのジュニア10代助言委員会をつくること。

情報源：Adapted from Renée J. Vaillancourt, "Young Adult Service Goals 1998." Carmel Clay (Ind.) Public Library, January 1998.

1　所在記号以外にジャンル別にわかりやすくするため，本の背表紙にイラストのシールを貼っておくことは，アメリカの図書館ではかなり以前から行われている。例えば推理小説なら拡大鏡かクエスチョン・マークのイラストのシールを貼っておくなど。

なければ，次年度へ繰り越すことになるかもしれないが，「手に余るような仕事をやろうとする」よりも無理のない目標にしておいた方がよいだろう（表3.3参照）。

　ヤングアダルトに関する計画や目標・目的・実施計画が，図書館のYAサービスの目指す方向性を明確にしているものだとしても，最も重要なことはその計画を実行することである。具体的で，測定しうる目標値を設定し，スケジュール通りにこなしていけば，YAサービスについてのあなたのビジョンも着実に実現していくだろう。この計画では，いったん達成された目標を評価するための枠組みも示す必要があるだろう。

▶▶評価

　評価の過程では，ヤングアダルトたちに必ず参加してもらう。評価は公的な方法（評価書あるいはフォーカス・グループの反省会）によることもあるし，ただ単にサービスの成功点を評価し，改善が必要な分野を見つけ出すのにとどまることもある。自分のファイルにメモをとっておけば，行事の再実施や進行中のサービス内容変更の際に，短所をいくつか指摘することもできるだろう。十分な効果があがらなかった場合も，それを失敗というよりは，さらなる発展への機会としてとらえることが重要である。サービスを評価する機会が与えられれば，利用者の10％が何らかの文句を言うものだといわれている。この10％の意見を無視したり，あるいはそれに悩まされたりするべきではないのだが，残りの90％の意見と釣合いのとれた見方をし，バランスをとるべきなのである。また，評価とは進行中の過程のひとつであるとみなすべきである。サービスを実行し，評価し，改善したら，最もふさわしい成功段階に達するまで何度も評価し，改善すべきなのである。もしこの過程をつまらない試行錯誤の連続ではなく，発展として見ることができれば，図書館職員も利用者もただ単に最終目標に向かって努力しているのではなく，その過程の各段階において，何か得るものがあるのだといえるだろう。

原注
1. Virginia A. Walter, *Output Measures and More : Planning and Evaluating Public Library Services for Young Adults* (Chicago : American Library Association, 1995).
2. *Planning for Results: A Public Library Transformation Process* (Chicago : American Library Association, 1998).

4章

ヤングアダルトのためのスペースをつくる

　ほかのヤングアダルト・サービス同様，図書館の中にヤングアダルトのためのスペースを考える最も簡単な方法は，計画段階から10代の若者に参加してもらうことである（表4.1参照）。建築とインテリアのデザイン雑誌を10代助言委員会の会合にもっていって，レイアウトや家具など目についたところにポスト・イットを貼り，写真や絵のどんなところが気に入ったかをメモしてもらう。10代の若者のグループをショッピング・モールに連れていって，若者たちにとって魅力のある小売店の様子がどんなものか観察しよう。採光や表示，ディスプレイなどの細部に特に注意を払おう。また，そのショッピング・モールがいかに上手に空間を利用しているか——例えば，広い通路が落ち着いた雰囲気でぶらつける環境をつくりだしているというようなことに注意しよう。10代の利用者をたくさん連れて地元の書店へ行ってみよう。そして書店が家具を使って，いかに居心地のよい居間のような雰囲気をつくりだしているかを観察してみよう。（また，そこにいる間，連れていった10代がどんな本に興味を示しているかに注意しよう——それはあなたが期待しているような標準的なYA向けのものといえないものかもしれない。）

▶▶位置

　ヤングアダルトのためのスペースや位置を選ぶには，いくつかの要因を考慮すべきである。最近のメーリングリスト上の討論で，ある司書がヤングアダル

表 4.1
調査によると……

1996年の南コネチカット大学図書館学および教育工学のライブラリー・スクールにおける思春期文学クラスの課題の一部として，ミリアム・ニーマンは「YAにとって図書館の理想的なYA部門とは何か」というテーマについて，10歳から17歳の24人の子どもたちに非公式の調査を行った。以下がその回答である。

50%　生徒たちが自分で決めた，学習できる場所と気楽に本を読める場所とを仕切った間取り
58%　学習のための長方形の机
79%　調査と娯楽のためのコンピュータ
4%　床に座れるように絨毯か敷物
83%　肘掛け椅子かリクライニング付きの椅子のある場所，隣同士で座れるように
79%　ソファーとか2人がけの椅子，あるいはその両方
38%　ビーンバッグ[1]の椅子

ほとんどすべての回答者がYAの場所は「できるだけ児童室から離れたところ」を求めていた。

回答は居心地のよさとプライバシーを強調していた。

回答は騒音と静寂，音楽，そして食べ物がその場所で許可されるかどうかについては意見が分かれた。

情報源：Miriam Neiman, "What Do YAs Want in Their Ideal YA Section of the Library?" (adolescent literature course survey) Southern Connecticut State University, 1996.

ト向けの場所に最も重要なのは周囲の誰にも迷惑をかけていないと感じられる場所だという，10代助言委員会の発言を紹介している。10代の若者たちには「連れ立って行動する」という傾向がみられるので，ヤングアダルトのスペースは話をしてもひどく迷惑をかけることにならないような場所に設定すべきなのである。それに適した騒音防止の部屋がない場合は，貸出・返却のカウンターかロビーの近くに設定するのが理にかなっているだろう。というのも，こうした

---

[1] 袋状になっており，中にプラスティック製のまめつぶようなものがつめこまれていて，形がいろいろ変えられる。

場所はたいてい図書館の中ではかなり騒々しくて，ざわついているところだからである。

一方ではまた，多くのヤングアダルトたちは図書館に，勉強する場所を探してやってくる。中には家で静かに勉強する場所がなくて，定期的に数時間だけ自分だけのキャレル・デスクを必要としているヤングアダルトもいる。一緒にわいわいやりながら，グループで勉強しなければならない，あるいはそうしたがるヤングアダルトもいる。解決方法としては，ヤングアダルトのスペースを，最大限静かにしてもらう場所と話してもよい場所とに分けることだろう。スペースに限りがあるなら，個人学習室あるいはグループ学習室近くにヤングアダルトのスペースをつくることも考えられるだろう。そうすればYAを取り巻く騒々しい音から隔離することができるから。もし，図書館のレイアウト上，静かな学習室と話をするところを同じ場所に収めることができないのなら，ヤングアダルトのスペースをさらに静かな場所，例えばレファレンス室へ行く途中のところに設定する。これにはもうひとつの目的がある。すなわち，YAのスペースに調査研究する資料がない場合に，もっと深く調べたいと思っているヤングアダルトをレファレンス室に導くことにもつながる。

ヤングアダルトのスペースをどこに置くかを考える際，適当なものとして，視聴覚（AV）スペースとの境界というのがある。10代の若者の多くは視聴覚資料に魅力を感じるので，AV部門の隣にYAのスペースをつくることによって両方の資料がさらに活用されることになるだろう。運よく図書館にスナック・バーやコーヒーショップがある場合は，YAコレクションをそのそばに置くのもよい考えだろう。思春期の急激な身体的成長のために，10代の若者はよく

ある平均的な1週間で，アメリカ人の10代は次のものを消費する：
キャンディー棒	2.3本
チューイング・ガム	8.3個
ジュース類	9.8杯
ファーストフード購入	2.7回
塩気のあるスナック類	3.6個 (原注1)

第4章 ヤングアダルトのためのスペースをつくる

食べる。だから，建物内での飲食についての図書館方針を決定する際には，そのことについて管理職とよく話し合っておくのがよいだろう。

　理想的には，ヤングアダルトのスペースは図書館内で人が頻繁に行き交うところには近く，しかも隔離された雰囲気もあるのがよい。最も大切なことは，児童室の隣に置くべきではないということである。多くの若者たちは，自分自身のアイデンティティを確立しはじめているので，子どもと見なされると腹を立てる。

▶▶レイアウト

　もしあなたが，ティーンエイジャーの寝室に侵入すべからずと考えているのならば，YAたちが図書館の中で自分たちの場所だと思えるスペースをほしいと思っていることは容易に想像できるだろう。だから，ヤングアダルト・コーナーのレイアウトははっきりと境界線がわかるようにしておくべきなのである。そこを書架やそのほかの家具を使って「壁」のようにしたり，独立した部屋にスペースをつくったりするのでもどちらでもかまわない。だが，工夫して誰かの目がいつも届くようにしておくことが大切である。静かでくつろげる，囲まれた空間はお定まりの問題をひき起こす。というのも，ヤングアダルトたちは誰からも監視されていないと思うと，自分たちの行動が他人にどんな影響を与えるのかわからなくなってしまうからである。10代の多くはまた，こぢんまりした，リビング・ルームのような配置を好む。家具は10代が親しく話し合いができるようにくっつけて配置しておくべきだろう。

　多くの10代は移動手段を大人に頼っているし[1]，仲間たちが何をしているのかに興味があるので，ヤングアダルト・コーナーに大きな窓をつけておくのはよいことだろう。なるべく，通りか駐車場に面している方がよいだろう。そう

1　限定範囲以外での運転免許取得は16歳が一般的なため，大都市以外では公共交通機関が少ないアメリカでは大人に移動を委ねる場合が多い。日本でも，都市圏以外では10代が図書館へ行く公共交通手段が少ないことと類似している。

すれば、そのコーナーでYAは車に乗せていってもらうのを待てるから。窓際の席は理想的である。その席は窓の機能とソファーの気楽さとを一緒にできるからである。

　ヤングアダルト・コーナーの所在とさまざまな資料の配置がはっきりわかるサインをつくるべきである。ネオン・サインは人気もあるし、人目をひくこともできる。「ヤングアダルト」という表現がこのコーナーを示すのに最適だと思ってはいけない。10代の多くは「ヤングアダルト」が何を意味しているのが知らない。適当な名前をつけるのには10代自身に考えてもらうようにする。コーナーの外側の壁面に雑誌やペーパーバック、そのほか人気のある資料を展示しておくと、10代をひきつけるのに役立つだろう（図4.2参照）。

図4.2
ヤングアダルト・コーナーの配置図の例

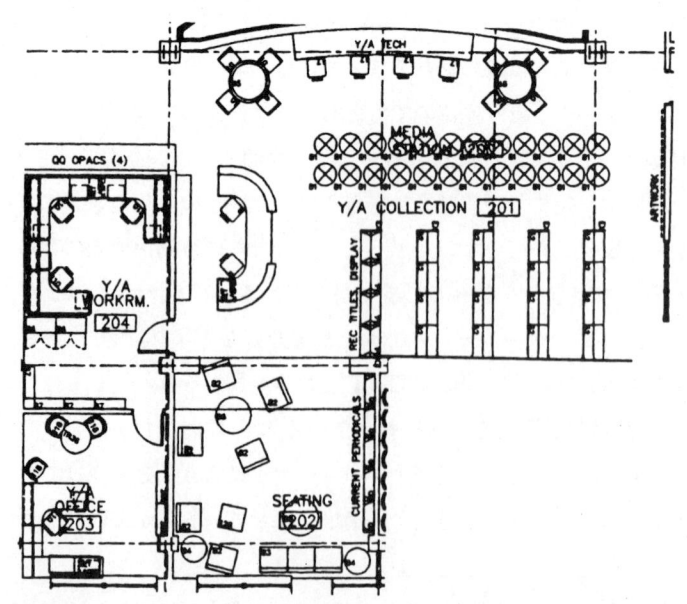

インディアナ州カーメル・クレイ公共図書館およびメイヤー・シェラーラ&ロックキャッスル会社提供。

第4章
ヤングアダルトのためのスペースをつくる | **43**

　多くの10代はジャンルごとに図書を探すので，ヤングアダルト・コーナー内では「書店スタイル」で配架することを考えてもよい[1]。目録担当者には気に入らないかもしれないが，10代としては推理小説やSF，ほかの人気のあるジャンルを探すのに特定のところへ行けばよいというのを喜ぶだろう。

　また，ターゲットとする年齢層のことを忘れないようにする。もし，このコーナーに年齢層の高いティーン（ハイ・ティーン）と年齢層の低いティーン（ロー・ティーン）の両方をひきつけたいのなら，ハイ・ティーン向けの資料がロー・ティーン向けのもののすぐそばに配架され，混配されないように，空間をデザインするようにした方がよいだろう。中学生が小学校の子どもたちと一緒にさ

図4.3
青少年センター／レクリエーション・センター

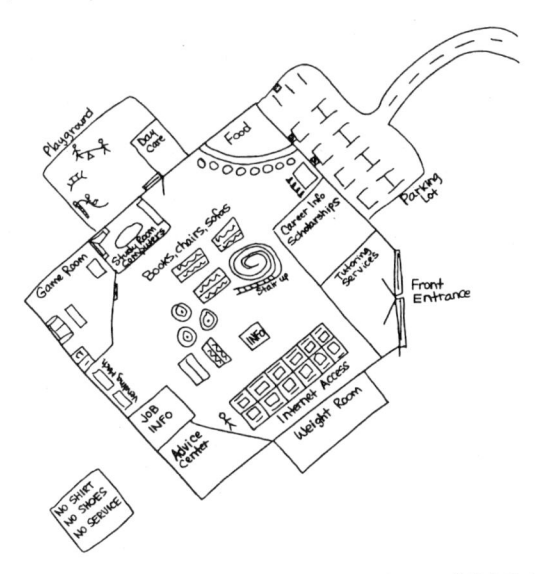

アリゾナ州ツーソンにあるチョーヤ高校のフォーカス・グループが自分たちの図書館に求めるヤングアダルト・コーナーのイラスト。アリゾナ州ツーソンのツーソン／ピマ公共図書館提供。

1　例えば，小説を目録規則にあるように著者名順に並べるのではなく，推理小説や恋愛小説，ファンタジーなどジャンル別に書架上で探しやすいように並べておくと効果的であることをさす。

れると憤ることが多いのと同様，高校生たちは中学生と同列に扱われることを気にすることが多い。

図4.3は10代がデザインした理想的な図書館センターの計画図面である。

▶▶家具

10代はブラウジングして資料を探すことが多いので，ペーパーバックを配架するには回転式書架を選ぶとよいだろう。このペーパーバックの回転式書架は，ヤングアダルト・コーナーを取り囲んで，両側からブラウジングすることのできる「壁」をつくりあげることにもなる。特別展示のための広い空間と，面出しして，芸術的な表紙で本を「売る」ことができるように，どの書架にも十分な余裕をとっておいた方がよい。

「居間」のような雰囲気をもたせるために，居心地のよい家具，例えば耐久性のある2人がけのソファーや椅子，小さなサイド・テーブルといったものが必要である。図書館によっては，ビーンバッグやバタフライ・チェア[1]，あるいは表面にゲーム・ボードが埋め込まれたテーブルなどを備えているところもある。これらの家具はヤングアダルトに明らかに人気があるが，ヤングアダルト・コーナーのために購入した家具は頻繁な使用に耐えられるものでなければならない。10代は，テーブルの上に足を投げ出したり，椅子のひじ掛けに足をかけたり，ソファーにだらりと座り込んだりしがちである。もし，図書館にある家具がヤングアダルト・コーナー向きにデザインされたものでないのなら，行動についての明確な規則をつくり，その規則を公平に適用して，難しい状況を何とかうまく変えるようにしよう。誰もが家具をきちんと使えるようにしておくために，子どもたちに公正な規則をつくるのを手伝ってくれるよう頼もう。

あなたの図書館のヤングアダルト・コーナー内で，静かな場所を仕切れるのなら，個人が座れるキャレル・デスクとともに，仲間や小人数の勉強グループ

1　おりたたみ式のゆったりした布状の椅子。

のための小さなテーブルを置いておくべきである。

あなたの図書館でヤングアダルト・コーナーをデザインする際には，どのように担当者を配置すべきかを考えなくてはならない。もし常に担当者を配置するのなら，レファレンスや読者援助サービスのための担当デスクやテーブルをどうするのかを考える必要がある。担当者の机は目につきやすく近づきやすい位置に置くべきだが，10代が自分たちのスペースが侵害されていると感じるほど，ほかの家具に近づきすぎないようにすべきである。理想的には，担当者の机は壁ぎわに置くか，そのコーナーのすべての場所からはっきりと見える事務室内に置くべきである。

▶▶テクノロジー

ヤングアダルト・コーナーをデザインする際には，このコーナーで使用する情報機器について考えておくことが重要である。このコーナーには利用者が資料検索を行えるように，少なくとも1台のOPACを置くべきである。もし図書館がLANにつながっているのなら，このヤングアダルト・コーナーにネットワーク接続のパソコンか端末を置いておく。スタンド・アローン型のパソコンには10代が関心をもっている教育的・娯楽的CD-ROMを入れておくか，ワープロができるようにしておいてもよいだろう。インターネットへのアクセスが同じ建物のどこかで使えるようになっているのなら，10代にも同じように利用できるようにしておくべきである[1]。

あなたの図書館のヤングアダルト・コーナーに置くコンピュータの端末数は利用頻度による。ヤングアダルトたちが資料を使うにあたっては，ほかの利用者以上に待たせてはいけない。一般的にいって，もしあなたの図書館に財政的な余裕があるのなら，利用者が電子情報源にアクセスするために15分から30

---

1 アメリカ図書館協会では「図書館の原則」の中で未成年の情報アクセス保障についてのルールを定めている。『図書館の原則 改訂版：図書館における知的自由マニュアル（第6版）』（日本図書館協会，2003）を参照のこと。

分以上長く待つ必要がない程度に十分な数のパソコンか端末を置くようにすべきである。こうすると，図書館資源についての評判が広がり，人気が出てくるにつれて，端末をさらに増やすことになるかもしれない。

　コピー機をこのヤングアダルト・コーナーに置いておくと便利である。課題で頻繁に使われるレファレンス・ブックのコレクションがある場合には，特に役立つ。利用者が必要とする情報をコピーする手段として便利なだけでなく，盗難や切り取りの数を減らせるかもしれない。

　図書館によっては，ヤングアダルト・コーナーで，10代が音楽を聴けるようにCDプレイヤーなどの視聴覚機器を備えているところもある。図書館の構造にもよるが，ヤングアダルト・コーナーにスピーカーを通じて音楽をそっと流したり，そのコーナーにある資料をブラウジングしている間，テープやCDを聴くコードレスのヘッドフォンを貸し出したりすることもできる。もし場所と予算に余裕があれば，画像やビデオをあらかじめ試して観ることのできるコーナーを設けておくこともできる。

▶▶室内装飾

　ヤングアダルト・コーナーを10代にとって魅力的なところにしたいのならば，室内装飾を考えはじめるところから10代に参加してもらうことが大切である。芸術的才能のある10代に頼めばコーナーの壁に壁画を描いてくれるだろうし，どのように飾りつければよいか手助けもしてくれるだろう。壁にポスターを吊り，最近の人気スターの姿を利用して10代をひきつけられれば，すぐにすたれてしまう流行りのイメージがずっとそこにあって古くさくなってしまう危険をおかさなくてすむ。

　掲示板[1]をつくっておけば，10代が備品を傷つけずに自分を表現する機会を

1　日本の図書館ではYAサービスに欠かせない。コルク板などを使い，メッセージを紙に書いて貼っていく。担当の司書がよく見ておいて，コメントを必ず書き込んだり，差別表現などがないようにチェックしておいたりすることが必要である。

もつことができるし，10代にサービスを提供しているほかの地域団体についての情報を提供することもできる。図書館によっては，ヤングアダルトの芸術作品を順番に展示したり，ヤングアダルト・コーナーの壁の装飾をつくるコンテストを主催したりしているところもある。

　ヤングアダルト・コーナーで，現在実施されているすばらしい評価方法は，提案箱である。10代にコレクション構築や特別行事のテーマについての考えや，新たにデザインされたヤングアダルト・コーナーをどのように改善すべきかについて考えることを入れてもらうのである。

原注
1. Herbert Buchsbaum, "The American Teenager by the Numbers," *Scholastic Update*, January 14, 1994, 8.

5章

ヤングアダルト向けに資料を構築する

　YAコレクションはあなたの図書館の使命とサービス上の責任，それにヤングアダルト・サービス計画とその目標，目的に沿ったものでなければならない。例えば，図書館が時事問題とそれに関する図書のサービスに責任があるのなら，YAコレクションも娯楽的な図書やメディア関連に重点をおくことになり，おそらくゲームも含まれるだろう。主たるサービス上の責任が正式な学習援助にあるのなら，YAコレクションもカリキュラムを基本としたものになるだろう。ヤングアダルト・コーナーでは，ポピュラーな資料とレファレンスや宿題援助の資料とが混在していることは大いにありうるし，それがまた望ましい状況ともいえる。重要なことは，この決定があなたの図書館の理念にもとづいて関連部署とも協力してなされ，地域の情報要求や教育要求に十分応えることである。

> 　ヤングアダルト向け資料がなく，そのためのスペースもない公共図書館は11％である。58％の公共図書館には，ヤングアダルト向けのスペースがある。つまり，ヤングアダルト向け資料が配架されている部屋あるいはコーナーがあるということである。15％の図書館では，ヤングアダルト向け資料が所蔵されているが，成人向け資料のところに配架されている。また全公共図書館のうち16％が，ヤングアダルト向け資料を児童室に配架している(原注1)。

▶▶ フィクション

　10代が小説を読む理由は，成人と同じようにさまざまである。毎日の生活

の圧迫感から逃れるための手段である場合もあるし，将来自分たちが遭遇するかもしれない状況の安全な「実験」の場合もある。多くのYAにとって小説は，自分とは異なるものを信じる人々に対する洞察を与え，世界に対する自分自身の個性的な見方を育てるために本当の「思考の糧」を与えてくれるものである。

　YAの多くは，ハードカバーよりペーパーバックを好む[1]。というのもペーパーバックの方が軽く，容易に持ち運びができ，あまり人目につかないからである（これは何に関心をもっているかについて仲間にとやかく言われたくない10代の自意識にとってはとても重要なことである）。しかし，最新のYA向けの図書はハードカバーでのみ出版されることが多いので，多くの10代はペーパーバックで出版されるのを待つよりは，自分のお気に入り作家の最新刊はハードカバーで読みたがる。ペーパーバックは安くて買い換えしやすいが，明らかにハードカバーの方がペーパーバックよりは頻繁な利用に耐える。一般的に，ヤングアダルト向け資料は，ペーパーバック形態のものを重要視すべきだが，ハードカバーも除外すべきではない。

シリーズもの

　思春期の若者は，「スウィート・バレー・ハイ」[2]や「フィア・ストリート」[3]といったシリーズものだけを読む段階を経てくる。大人たちはこういう子どもたちに，もっといろいろな本を読むようにすすめるが，このシリーズものというジャンルは，枠が決められ筋の予想も可能なので，思春期における自然な発達要求に合致しているのかもしれない。自分たちの身体と感情が急速に変化している時期にあるので，多くのロー・ティーンたちは，シリーズものの中の，

1　日本では児童書のジャンルでは多くがハードカバーで出版されている。ただし，新書や文庫本として出版されなおす例も近年目立ってきた。最近，YA向け読みものは欧米風のペーパーバック形態でも出版されるようになり，YA向けというより一般成人向けの図書として出版されることが多くなってきている。
2　Francine Pascal（フランシーン・パスカル）によるスウィート・バレー高校を舞台とした恋愛もので，話が終わりつつ，また別の話が出てきて，続きを読ませるような構成のシリーズ。『ふたりはライバル』などスウィート・バレー・ツウィン（ふたご）のシリーズで，ハヤカワ文庫やモエ出版から翻訳出版されている。
3　R.L.スタインの学校ホラーのシリーズもの。

なじみの登場人物と予想できるあらすじに安らぎを感じるのである。

現実小説[1]

　現実小説は，多くのヤングアダルトに人気がある。大衆文化の中では見過ごされたり，誤って伝えたりしているヤングアダルトの日常的な現実を反映しているからである。10代向け現実小説が扱っているテーマには，学校やスポーツ，宗教，アルコール，麻薬中毒，友情と裏切り，最初の性体験，性的な順応，暴力と殺人などがあり，多くの10代が成長する中で出会うものばかりである。これらのテーマを小説という形で読むことにより，10代は同じような境遇になったらどのように行動すべきかを考えさせられ，責任ある大人として成長していく助けとなる。YA向け現実小説は，わかりやすい言葉で10代の話し手により一人称で語られるので，10代の読者が登場人物や示されている状況に入り込みやすくなるわけである。

ジャンル小説

　成人と同様，10代の多くもジャンル小説にひきつけられる。推理小説やホラーは多くのYAに特にアピールするものがあり，R.L. スタイン[2]やクリストファー・パイク[3]，ロイス・ダンカン[4]といったYA向け小説作家やスティーブン・キング[5]やメアリー・ヒギンズ・クラーク[6]，ディーン・クーンツ[7]といった大人向け小説作家の人気をみればそれは明らかである。SFやファンタジーを読む10代は貪欲に読む傾向があるので，YAコレクションの中にこのジャンルの読みものを十分にそろえておくべきである。ほかにYAに人気があるジャ

---

[1] 1960年代以降出現したYA文学の一分野。スーザン・ヒントンの『アウトサイダーズ』（大和書房，あすなろ書房）など10代の子どもたちが社会問題の中で葛藤するテーマが多いことから，プロブレム・ノベルズ（問題小説）とも称せられる。図書館で検閲や焚書など批判されることが多い。
[2] 『迷信』（ソニー・マガジンズ），『図書館の怪人』（ソニー・マガジンズ）など。
[3] 『私を殺したのは誰？』（集英社文庫）など。
[4] 『閉ざされた時間のかなた』（評論社），『夜にみちびかれて』（BL出版）など。
[5] 『クージョ』（新潮社），『キャリー』（新潮社），『シャイニング』（パシフィカ）など。
[6] 『子供たちはどこにいる』（河出書房），『永遠（とわ）の闇に眠れ』（角川文庫）など。
[7] 『戦慄のシャドウファイア』（扶桑社），『ストーカー』（東京創元社）など。

ンルとしては，ロマンスもの[1]やキリスト教小説[2]，歴史小説，冒険とアウトドア小説があげられる。

⏩ノンフィクション

ヤングアダルトは2つの理由からノンフィクションを読む。まずは読みたいからであり，次に読まなければならないからである。

```
YA向けノンフィクションで人気のあるテーマ
    エイズ
    自伝
    伝記
    セックス
    ファッション
    麻薬とアルコール
    大学とキャリア情報
    趣味
    ユーモア
    ゲーム
    ストーリーマンガ
    マンガ
    音楽
    スポーツ
    オカルト
```

人気のあるノンフィクション

　ヤングアダルトたちが読みたがる本というのは，私たちが大衆受けする資料と呼んでいるものである。こうした本は10代が直面していること，もっと情報を得たいこと，あるいはもっと一般的に，レクリエーション上の興味や趣味に関することを扱っている。個人的な興味をひく資料は強い刺激的な要素も含

---

1 パターン化した恋愛もの。日本でティーン文庫と呼ばれるジャンルにはこのタイプが多い。
2 C.S. ルイスのナルニア国物語のシリーズ（岩波書店）やスピアの『青銅の弓』（岩波書店）など。

んでいる。例えば表紙の絵がよかったり，ホットなテーマだったりすれば，10代が手に取ってみたくなるだろう。

　怠惰な読者はノンフィクションの方を好むことが多いようである。というのも，ノンフィクションは，表面的な興味に訴える（読まずにすむかもしれない）し，だいたいのものが写真にちょっと文章がついただけなので，読むというより本の表から裏までパラパラと眺めるだけですむからである。YALSA が出版している『怠惰なヤングアダルト読者のためのヒント集』（原題 *Quick Picks for Reluctant Young Adult Readers*）という年刊リストには，多くの人気あるノンフィクションのタイトルがあげられている。

　好きな映画やスポーツ，音楽界の有名人の伝記や自伝をはじめ，サバイバルの話とか，とうてい勝ち目のない闘いに勝った「本当の」話を読むことだけに関心をもっている10代もいる。妊娠や麻薬中毒，自殺といった10代が直面する問題を扱った日記形式の報告も人気がある[1]。こうした物語の魅力は，名前を明らかにしていること，あるいはそれが，人々が耐えている本当に感動的なドラマだというところにある。登場人物は10代自身である必要はないが，思春期の視点から描かれていることがアピールするのである。

　人気のあるノンフィクションのジャンルで見過ごされがちなのが，ユーモアである。冗談やなぞなぞ，ユーモラスなコメントは10代にかなり人気がある。たぶん，10代が毎日の生活の中で直面している多くの重大な問題からの息抜きになるだろうし，だいたい私たちはみな笑うのが好きだからである。

学校のカリキュラム関連ノンフィクション

　YA が読まなければならないノンフィクションというのは，学校のカリキュラムを援助するものである。もし，あなたの図書館の YA 部門が宿題援助サービスを提供しているのなら，地域の学校で先生方が最も頻繁に出す課題の助けとなるような資料を所蔵しておく必要があるだろう。頻繁に課題と

1　例えば『十五歳の遺書：アリス愛と死の日記』（講談社）や『ディア・ノー・バディ』（新潮社）など。

なるテーマを扱ったノンフィクションのシリーズがたくさんある。SIRS[1] や Facts on File[2] といった情報源やCD-ROMやオンライン情報も，課題のためにYAが情報を収集するのに役立つだろう。図書館によっては，10代からの頻繁な要望に応じるため Cliff's Notes[3] を所蔵しているところも多い。

▶▶雑誌

　短い記事，適切なテーマ，そして光沢があって体裁のよいレイアウトをした雑誌はYAにとても人気がある。多くの図書館が，YA向け雑誌を目立つ場所に配架して，10代をヤングアダルト・コーナーにひき込もうとしている。雑誌のページや製本は頻繁な利用に耐えられるようにつくられていないので，ある程度の損傷や盗難はこの形態のメディアとしては避けられない。しかし，YAの雑誌に対する人気は，資料の消耗を補って余りある。ヤングアダルト・コーナーでどんな雑誌が人気を集めるのかわからないのなら，地域の書店に10代がどんな雑誌を買うのかを尋ねるか，10代助言委員会（TAB）のメンバーたち自身にサンプルとしていくつかのタイトルを選んでもってきてもらおう。図書選択の際の資料構築方針をYA向け雑誌購入にも適用すべきである。

▶▶コミックとストーリーマンガ

　コミックとストーリーマンガ[4]（図書形態のマンガ）をYA向け資料につけ加えるのはとてもよいことである。というのも，これらは視覚文化の中で育っ

1　調べものや読みもの，レポートの書き方，コンピュータの使い方などを学ぶための小学校・中学校向けのレファレンス・ツール。CD-ROM版もある。Social Issues Resources Series, INC.
2　統計・数値データや，歴史的事実などを掲載したレファレンス・ツール。
3　10～15ページくらいで，古典などの必読図書ごとに，そのあらすじや登場人物や背景などについて簡単にまとめた小冊子のシリーズ。市販している。Cliff's Notes を読めば，本そのものを読まずに，感想文や登場人物や背景などについてレポートが書けるので，学校図書館ではほとんど所蔵していないが，公共図書館ではその司書の考え方によるところが大きい。
4　アメリカをはじめ海外では，日本のストーリーマンガ（Graphic Novel）が翻訳され大人気となっている。図書館で所蔵提供しているところは年々増加している。

てきている10代にアピールするし，あまりよく字を読めない10代には助けとなるからである。『アーチー』(Archie)，『バットマン』(Batman)，『スーパーマン』(Superman)，『ワンダー・ウーマン』(Wonder Woman)といった昔からの多くのマンガはいまだに10代にアピールしているが，『エックス・メン』(X-Men)といった新しいマンガや，ホロコーストや近親相姦といった現実の生活の問題に取り組んだストーリーマンガも人気を獲得しつつある。テーマや知的洗練のレベルはタイトルごとに幅広く多様なので，注意深く選択すべきである。マンガ書店主は，その地域で10代に人気があるのはどの本かについてよく知っているし，あなたの図書館の選択基準にあうタイトルを喜んで選んでくれるだろう。多くのマンガは，取次を通して継続注文できるし，雑誌と同じ形で目録をとって，貸出しできるようにすることができる。

▶▶コンピュータ

電子形態で入手できる情報の増加に伴い，ヤングアダルト向けコレクションの中でもテクノロジーは非常に重要な位置を占めるようになっている。1996年にはインターネットに接続している学校は65％に増えたが，同じ年に教室でインターネットに接続できるのはわずか24％にすぎない(原注2)。1997年のニューズウィークの調査によると，「年間収入が2万5千ドル以下[1]の家庭の10代で，一度も家庭でコンピュータを使ったことがない数は2倍にのぼる」(原注3)となっている。教師や経営者たちは，中学生や高校生たちにもっとコンピュータ・リテラシーを身につけてもらいたいと期待しており，公共図書館は低所得者層の10代にとって学校外で電子情報検索を行う唯一の情報源になるだろう。

1998年4月15日に公表されたMCIの研究では「インターネットに接続し，一般利用させている公共図書館数は過去2年間に2倍以上に増え，60％に達し

---

[1] 年間収入2万5千ドルは貧困レベルである。1ドル＝110円なら275万円。

た」ことを明らかにしている(原注4)。これらの図書館の多くは，電子情報へのアクセスを提供することによって10代を図書館へ誘い込むことができるということがわかっている。

　図書と同様，YAたちがCD-ROMとオンライン情報を利用するのは使いたいからであり，また使わなければならないからである。しばしばYAが使いたがる情報源は電子メールや電子会議室，ゲームである。使わなければならない情報源は，ワープロや学術的なデータベース，大学や仕事を探すためのサーチバンク，オンラインの新聞，特定分野のデータベース，ウェブ・サイトである。

　インターネットの利用方針を作成する図書館は，10代の教育要求と娯楽要求の両方を考慮するべきである。電子メールや電子会議室を通して，10代は，

　10代のうち89％は，1週間のうち少なくとも何度かコンピュータを使っている。
　61％は，ネット・サーフィンをしている。
　男の子たちの方が若干，女の子たちよりもオンライン利用経験が多い（66％対56％）。
　金持ちの子どもたちの方がネット・サーフィンの経験が多い。
　92％は，コンピュータが自分たちの教育的機会の改善に役立っていると考えている。
　98％は，自分たちの生活に前向きな変化を与えてくれるのでテクノロジーを信頼している(原注5)。

　利用者は，図書館や図書館員，組織管理者，販売者[1]，ネットワーク・サービスの提供者などが設定した理由のない制限や条件にしばられない権利を有する。

　未成年の利用者の権利を決して縮小してはならない。

　図書館が直接あるいは間接に提供する電子情報やサービス，ネットワークは，すべての図書館利用者に等しく，容易に，公平に利用されなければならない(原注6)。

1　システムやソフトなどの販売者をさす。

世界中の同年齢の仲間たちと友情を育てたり情報を交換したりする。しばしば，電子ゲームは創造的な思考や問題解決能力を育成する。利用者の電子情報利用を監視するのは司書の仕事ではないし，他人に害を及ぼしさえしなければ，利用できる情報源を利用者がどのように使おうと，とやかく言う筋合いはない。しかし，何らかのオンラインの安全な利用のガイドラインを作成し提示するのがよいだろう。例えば，147ページにあげた「付録D　10代のためのオンライン安全利用の基本ルール」（Basic Rules of Online Safety for Teens）を参考にしていただきたい。

　図書館によっては，すべての利用者に対して公平なアクセスを保障するために，電子情報源の利用について時間制限をしているところがある。そうした方針は，利用者の年齢やその利用者がどんな目的でその情報源を利用するかにかかわりなく公平に適用すべきである。

　あなたの図書館にあるYAコレクションの重要な一部分は，ホームページのヤングアダルトのページである。このページでは図書館のヤングアダルト・サービスについて情報を提供するとともに，10代が関心をもつようなリンク集を提供すべきである。多くの図書館では，本や映画，ウェブ・サイトなどの評価やおすすめ本のリストを組み込んだり，また，より双方向的なサービスで

> 　1998年の調査によれば，
> 　アメリカの公共図書館（15,700以上の中央図書館と地域館）の75％が利用者にインターネットを提供している。
> 　都市地域の図書館の84％がインターネットを提供している。
> 　郊外地域の図書館の77％がインターネットを提供している。
> 　それ以外の地域の図書館の68％がインターネットを提供している。
> 　利用者にインターネットを提供している図書館のうち74％が，端末の数は3台あるいはそれ以下である。
> 　利用者にインターネットを提供している図書館のうち15％が，一部あるいは全部の端末にフィルターをかけている。
> 　インターネットを提供している公共図書館の85％が，適切な利用許可の方針をつくっている（原注7）。

あるオンライン上での作文コンテスト[1]や夏休み読書クラブ[2]なども作成している。あなたの図書館の10代助言委員会に，このサイトが本当に10代にアピールできるものになるよう，YAのページの作成に参加してもらおう。

インターネットの利用をすすめるには

あなた自身やあなたの図書館の職員，図書館理事会，上部機関，地域活動のリーダーたち，両親，選挙で選ばれた人々に，インターネットとその豊かな情報の上手な利用のしかたを教えなさい。ほかの図書館が実施している具体例については，アメリカ図書館協会の Public Information Office に問い合わせていただきたい。(電話番号 800-545-2433 内線 5044 あるいは http://www.ala.org/pio)

図書館資料利用についてのあなたの図書館全体の方針にもとづいて，インターネット利用について明文化したガイドラインと方針を確立し実施して，アメリカ憲法修正第1条を擁護しなさい。「図書館の権利宣言」とその「電子情報，サービス，ネットワークへのアクセスについての解説」[3]，そしてまたその印刷物についての情報は，アメリカ図書館協会知的自由事務局へ問い合わせられたい。(電話番号 800-545-2433 内線 4223 あるいは oif@ala.org)

アメリカ図書館協会知的自由事務局では「フィルタリング・ソフトの図書館での使用についての声明」を出版しており，その中で「あなたの図書館ではインターネットの利用をすすめるために何ができるか？」という問いに対して次のように答えている。

利用者の興味や要求に応えられるウェブ・サイトに利用者がアクセスできる

---

1 図書館や学校がサイトを設置し，そこへ投稿する形で作文を出したり，読んだ本についてのオンライン上での質問に答えるプログラムが実施されたりしている。
2 子ども向き，YA向きなどで読書リストを夏休み前に公表し，図書館に登録してもらって，夏休みが終わる頃，お互いにその本についての感想を言い合う集まりをかねて，パーティを催したりしている。子どもたちの読書振興が目的である。アメリカでも実施されている各学校が出している夏休み課題読書の課題とは異なる。
3 『図書館の原則 新版：図書館における知的自由マニュアル(第6版)』(日本図書館協会，2003)が翻訳出版されている。

ようにして，インターネットの利用をすすめていく。

　一般利用者向けと子ども向けに2つの図書館のウェブ・ページをつくり，活用していく。これらのホームページには図書館職員によって評価されたページをリンクしておくべきである。

　利用者の秘密を守るため，プライバシーを保護するスクリーンをつけるか，あるいは誰からも見られないような位置に端末を置くようにする。

　両親と未成年者のために情報提供と訓練を行い，インターネット利用に関する時間と場所とマナー上の制限を覚えておいてもらう。

　利用者の行動指針を確立し，実施する（原注8）。

▶▶視聴覚資料

　今日のYAは，ビデオを観て，CDで音楽を聴き，CDブックを読んで育った最初の世代である。マルチメディアはYAにとって生活の一部となっており，学校や公共図書館でもさまざまな形の情報を利用できるはずだと思っている。あなたの図書館に別置された視聴覚コレクションがあるにしろないにしろ，ヤングアダルト資料に視聴覚資料を加えるよう考慮すべきである。テープ・ブックやCDブックをYA向けフィクションとノンフィクションの中に加えてよい

1998年に大学生になった人々は，1980年生まれであり，
アタリ[1]はレコードと同じように，彼らが生まれる前にできたものである。
「こわれたレコードのように話している」[2]という表現はわからない。
　8トラック録音について聞いたことはあるかもしれないが，おそらく実際に見たり，聞いたりしたことはまずないだろう。
　1歳の時に，デジタル・ディスクができた。
　留守電がいつもそばにある。
　チャンネル数が13しかないテレビをほとんどの子が見たことがない。
　ソニーがウォークマンを発売した年に生まれている。

1　アメリカのコンピュータ・ゲームおよびその機械。
2　くどくど言う，つまらない話をくりかえすという口語表現。

第5章
ヤングアダルト向けに資料を構築する | 59

だろう。ビデオは図書とペアにしておけば、両方の魅力が増す。視聴覚資料を展示すれば、怠惰な10代を案外うまくヤングアダルト・コーナーにひきつけることができるだろう。

▶▶ 資料構築

> 最新のYALSAの図書リストは以下のウェブ・サイトに掲載されている。
> http://www.ala.org/yalsa
> またファックスで注文することもできる。電話番号は800-545-2433（8を押す）アメリカ図書館協会の「読書ガイド Guide to Best Reading」は電話（800-545-2433（7を押す）かファックス（312-836-9958）で注文できる[1]。

ヤングアダルトたちが具体的にどの資料を求め、必要としているかを決めるのは、時に難しい場合もあるが、決めるのに役立つ情報源も多数ある。この章の終わりにあげた標準的な書評情報源に加えて、あなたのコレクションが地域の10代の関心にぴったりあうようにするために、自分自身の観察能力を役立てることを忘れてはいけない。ヤングアダルトのためのノンフィクションや文学、ウェブ・サイトを評価するガイドラインの例が、148ページから152ページの付録[2]にあるので、参考にしていただきたい。

宿題援助サービスの際に、最初に利用されると思われる資料を選ぶにあたっては、中学校や高校のカリキュラムを手引きとするべきである。多くのノンフィクションのシリーズは、中学校や高校の教師が宿題として頻繁にとりあげるテーマを基本的に取り上げている。このシリーズには、*Opposing Viewpoints* (Greenhaven社), *Encyclopedia of Health* (Chelsea House社), *Impact Books* (Watts社), *Everything You Need to Know* (Rosen社), などがある。

---

1 日本では洋書を扱う書店に直接注文した方が確実である。
2 「付録E ノンフィクションの正確性と信頼性評価のガイドライン」、「付録F ヤングアダルト文学の評価方法」、「付録G ウェブ・サイトの評価方法」

個人的な関心については，10代向け雑誌や思春期発達についてのテキスト，地域で若者と接している大人，図書館員や教師・両親といった，多くは二次的な情報源から苦労して少しずつ情報を集めていくことができる。しかし，子どもたち自身に，公式あるいは非公式にたずねることに勝るものはない。「この図書館はあなたのために何ができますか？」とは決してたずねてはいけない。というのも，たいていのヤングアダルトは答えられないし，質問それ自体が図書館ができる以上のことをヤングアダルトに選ばせることにもなるからである。そうではなくて，お気に入りの趣味のこととか，雑誌，ミュージシャン，テレビ番組，映画，スポーツについて聞いてみよう。また，もしあなたに10代の子どもがいるのなら，自分の子どもたちがどこをぶらつくのか，気晴らしに何をしたがるのか，どんなものを買うのかを観察して，図書館でYA向け資料の選択決定をする際の情報として利用しよう。

3つの雑誌が，主としてヤングアダルト担当図書館員向け書評と雑誌記事を載せている。

ALAN Review[1] (ISSN 0882-2840)
National Council of Teachers of English
1111 Kenyon Road
Urbana, IL 61801-1096

Kliatt[2] (ISSN 1065-8602)
33 Bay State Road
Wellesley, MA 02181-3244

Voice of Youth Advocates[3] (ISSN 0160-4201)

---

1 英語（日本では国語）の教師向け専門雑誌。日本のように検定教科書がないので，複数の読み物を必読図書として指定し，授業で読ませることが多い。そのため，英語教師のための資料選択の援助資料となっている。したがって，どのような読み物を学校図書館や公共図書館が所蔵すべきかの参考ツールともなる。
2 独立児童文学書評誌。図書館が児童・YA資料を選択する際，参考にすることで定評がある。
3 略称VOYA。YAサービスの専門雑誌。www.voya.com

第5章
ヤングアダルト向けに資料を構築する | 61

4720A Boston Way
Lanham, MD 20706

ほかにも多くの雑誌,例えば, *Booklist*[1], *Bulletin for the Center of Children's Books*[2], *Horn Book*[3], *Journal of Youth Services in Libraries*[4], *School Library Journal*[5] もまた, YA に関するテーマを掲載しているが, その範囲は幅広いものである。

また,上記の雑誌のほかに YALSA やいろいろな図書館が出している新刊書やおすすめ資料の年間リストもある。遡及的なリストも単行書の形で定期的に出版されている。書誌情報については, http://www.ala.org/yalsa/professional/yassrvcsbib.html を参照していただきたい。

これらのツールを利用する前に,いくつかのことを考える必要がある。最初に,あまり関心をもたれそうもないところまで手を広げずに,広く関心を集めそうなテーマを決め,そこに集中する。次に資料の形態を考える。

ますます多くの10代がインターネットを利用するようになっているので,伝統的な図書館資料と同様 YA 向きのウェブ・サイトの選択に注意をはらうことが重要になってきている。YALSA では,Teen Hoopla（www.ala.org/teenhoopla）と呼ばれる10代のためのインターネット・ガイドを作成しており,あなたの図書館でウェブ・サイトの YA 向けページに適切なリンクを見つけるにあたって,すばらしい出発点を提供している。*Voice of Youth Advocates* (VOYA) では,「YA Clicks」というコラム欄を設けており,ヤングアダルトとヤングアダルト担当図書館員の関心をひくウェブ・サイトの評価をしている。

---

1 ALA が出版している書評雑誌。
2 シカゴ大学が出版している児童・YA 向け読み物の書評も含む雑誌。
3 ボストンを基盤とする児童・YA 向け書評専門誌。
4 ALA の YALSA と児童図書館部会（ALSC）の合同専門雑誌。旧タイトル Top of the News. 2003年度から分割して別々の機関雑誌を発行している。
5 アメリカの学校図書館協会（School Library Association）が発行している専門雑誌。半分以上が書評である。

ヤングアダルトが関心をもつ情報源を紹介する多くの選択ツールは，ほかのメディアよりも図書に重点をおいている。しかし，現在いくつかの雑誌では視聴覚資料やCD-ROM，ウェブ・サイトの評価までしているが，これらさまざまな形態の資料の中で，どのタイトルが10代に人気があるのかを決めるには，あなた自身でもっと工夫をこらさなければならないかもしれない。10代助言委員会のメンバーと一緒に地元のビデオ店やマンガ専門店，ニューススタンドを訪ねるのもよいだろう。ヤングアダルト自身あるいは批評家が10代にアピールしていると認めたテレビ番組を見るとよい。そうすれば，ともすれば見落とされがちな図書館の資料を推薦し展示するのに役立つだろう。また，資料の購入やヤングアダルトの関心をよりよく表現しているサイトに図書館のウェブ・サイトからのリンクを提供し，あるいはコレクション構築担当の職員に購入のアドバイスをするのにも役に立つだろう。

> ……高校担当部門は質の面でも，劇的に改善されました。「スウィート・バレー・ハイ」などといったシリーズものにあまり力を入れず，今は，実際に小説以外の読みもの（マンガとかジョークのような）が増えています。本当のところ，数年前に高校部門に芸術や哲学についての本を置くようにとあなたが私に言ったなら，ただ笑ってしまったでしょう。10代図書館協議会が存在し，参加してくれたことによって，私はこの部門の仕事の大切さを認識するようになったのだと思います。図書館の外に本を一緒に買いに行けば，何が起こっているかも把握できるわけです。実際に10代に資料を選ばせたことによって，図書館のこの部門を，非常に優れたものに変化させることができたのです。いまは，普通の高校生たちがここに来ています。本好きの子どもとか女子中学生だけではなくなっているのです (原注9)。

原注

1. U.S. Department of Education, Office of Educational Research and Improvement, National Center for Education Statistics, *Services and Resources for Children and Young Adults in Public Libraries* (Washington, D.C.: U.S.Government Printing Office, 1995), 37.
2. U.S. Department of Education, Office of Educational Research and Improvement,

National Center for Education Statistics, *Library Statistics of Colleges and Universities,* various years; and Integrated Postsecondary Education Data System, "Academic Library Survey."
3. "Teenagers and Technology," *Newsweek,* April 28, 1997, p.86.
4. "MCI Study Shows Internet Use at Libraries on the Rise," *ALA News Release* 3, no. 19, April 1998.
5. "Teenagers and Technology," p.86.
6. American Library Association, Office for Intellectual Freedom, "Access to Electronic Information, Services and Networks: An Interpretation of the Library Bill of Rights," adopted by the ALA Council, January 24, 1996.
7. "ALA News," *American Libraries,* October 1998, p.6.
8. From American Library Association, Intellectual Freedom Committee, "Statement on Library Use of Filtering Software," July 1, 1997.
9. Michael Quilligan, member of the Carmel Clay (Ind.) Public Library Teen Library Council, 1998, on how council involvement has affected the library's services to young adults.

6章

ヤングアダルトにサービスする

▶▶ マーケティングと宣伝

1998年には，アメリカの10代は1190億ドル（$119 billion）消費したと推定されている (原注1)。この莫大な消費力を見て，マーケット担当者は何が10代にアピールするのかを研究しているが，図書館員は同じことをくりかえす必要はないだろう。私たちはヤングアダルトをターゲットにして広告や展示をつくりだしている小売業者の戦略を観察すれば，多くのことを学ぶことができる。

図書館サービスをよく知らないことが，ヤングアダルトの70％が公共図書館を利用しない理由になっている (原注2)。「マーケット担当者は，もし10代のうちに人をひきつけることができれば，それから後何年にもわたって，客として確保できることを知っている。」(原注3) また，10代の意見はその友達や家族にも影響を与えることを知っている。一人の10代を図書館に向けられれば，そのクラスの子どもたちや姉妹兄弟，両親も図書館を利用するようになるだろう。

「10代のお客をひきつけるために，多くの企業では＜関係マーケティング＞を実行している。」(原注4) また，変わりつづけるヤングアダルトのトレンドの動向をしっかり把握しておくために，双方向のウェブ・サイトやオンライン会議室，ニュースレター，10代のコンサルタント・グループへの参加を呼びかけている。図書館員にとって，これらのマーケット担当者をまねて得るものは

第6章
ヤングアダルトにサービスする | 65

多い。マーケット担当者たちは，広告の中で 10 代向けの語り口を使わないようにして，10 代を対象にした広告に出会った大人にもアピールすることを期待している。例えば「ニュートロジーナ[1]は，大人に使うのと同じ言葉とイメージで 10 代に話そうと努力している」(原注5)。10 代をターゲットにしてもっと洗練された広告をつくれば，ヤングアダルトを子ども扱いにして遠ざけてしまうことも避けられる。

　私たちが小売店の幅広い経験から借りることのできる最も強力なツールのひとつは，販売促進である。販売促進の力は，人間工学の原則にもとづいている。ずらりと並んだ視覚的刺激を受けると，人間の視線はどこかに焦点を合わせようとする。また，人間は予測可能な行動パターンに従ってしまうものである。販売促進は，この知識を利用して，最初の行動範囲の中で，視線が焦点を合わせやすいところに展示をする。図書館では，こういう場所は，

1. 建物の正面（例えば，図書館内に入って 20 フィート[2]以内）
2. 通路の両側
3. 貸出カウンター（その上や周囲，貸出カウンターの両側の下部分）
4. 人々がよく行きかう広い空間のある場所

となる。通称「ごみため」と呼ばれるペーパーバックの特別展示は，戦略的にこういった場所に置くのがよいだろう。この空間そのものが，あなたの役に立つ。ショッピング・モールや本屋，音楽ショップ，ビデオ店にふらっと行って調べてみれば，資料を売り込むための視覚的なアイディアがわかるだろう。公共図書館の中には，ビデオ店の展示備品をうまく利用して，図書館資料を宣伝しているところがある。これらの場所に，関心の高い資料を置くことができる。図書館の書架の間の通路をすべてくまなく回る利用者はいないが，ほとんど誰でもある地点に行き着くまで，通路のどちらか側を歩く。この書架の両側面の端は，人気のあるヤングアダルト向け資料を展示しておくための最適な位置になる。ほかによく目につく場所としては，貸出カウンターの近くで，そのカウ

---

1 石鹸など基礎化粧品を販売しているメーカー。
2 1 フィートは 30.48 cm。20 フィートは約 6 m。

ンターの上か，あるいは人が混んでいる時に貸出を待つ列のそばがある。

　適切な場所に，適切な形で，適切な資料を置くほか，ビデオ店がしているように，最大限視覚的にアピールするように面出し（おもて表紙を見せて）展示することも覚えておこう。この種の展示技術はブラウジングしている利用者の注意をひくために考え出されたものである（表6.1参照）。多くのヤングアダルトたちは，大人たちに助けを求めるのをひどく嫌うので，自分でブラウジングして探し出せるような宣伝の技術を利用すれば，控えめながらも魅力的にヤングアダルトにサービスすることができる。これらの場所を利用して展示する技術は成功することが多いので，図書館員はその展示場所を埋めるのに忙殺されるという困った事態になることもある。また，展示してある特定の資料を探している人がいて，時々問題が生じる。もし，図書館側が目録上で資料のステータスを変更して，一時的に展示してあることを示せるのなら，こうした混乱を減らすことができる。もしそうできなければ，分類順に並んでいない資料がいくつかあることになるが，10代たちがより多く利用してくれるならば高いものではないだろう。こうした広告宣伝はヤングアダルト利用者との交流という観点からすると，個性的なものではないが，資料を動かすための強力で，ダイナミックな方法である。十分にストックを備えた展示をつづけることを，最優先すべきである。

　資料の利用をすすめる，もっと個性的な方法として，10代に自分の仲間たちに直接資料をすすめてもらう。YAにアピールするけれど表紙の絵が魅力的でない本のカバーを10代たちにつくってもらっている図書館もある。ヤングアダルト読者が借りる資料の中に短い書評や注釈を書き入れる用紙をはさみこむとか，「すべての友だち（あるいは親とか教師）に読んでほしい本」をあげてもらい，その結果を印刷したり展示したりすることもできる。

　カーメル・クレイ（インディアナ州）公共図書館では3票以上，10代図書館協議会メンバーの支持を得たタイトルを並べた「Choice Picks」という常設コレクションをつくっている。

　おすすめ資料リストの書誌やしおりは，マーケティングのツールとしても役

第 6 章
ヤングアダルトにサービスする | **67**

表6.1
広告宣伝-展示のアイディア

スーパー・スポーツ

　運動選手の自伝，スポーツ・カードのコレクション[1]，『スポーツ・イラストレイテッド』(*Sports Illustrated*)[2]，シリーズもの (*Hoops*[3], *Blitz*[4], *Dojo Rats*[5])，技術（スキー，ローラーブレード，スケートボード，サッカー，レスリング），スポーツ分野の資料

ユーモア・ホットライン

　マンガ，コマわりマンガ (*Garfield*, *Calvin & Hobbes*, *Far Side*, *Cathy*, *Matt Groenig's Life Is Hell* シリーズ)，ジョークの本，トリビア[6]，*Ripley's Believe It or Not*，ユーモア分野の資料リスト

スリラー

　クリストファー・パイク，R.L. スタイン，ロイス・ダンカンやジョアン・ローリ・ニクソン，ジェイ・ベネットといった著者の推理もの，古典（フランケンシュタイン，ドラキュラ，ジキル博士とハイド氏），スリラーとホラーのシリーズ，ホラー分野の資料，「本当の」幽霊の話

実用書

　ビデオ・ゲーム攻略本，工作，マンガとイラストの描き方，ヘア・スタイルと化粧，ボディビル，占星術，趣味，ベビー・シッティング

問題と解決

　仕事，キャリア，薬物中毒[7]，10代の妊娠と性，社会的課題と成長（学校，仲間の圧力，家族問題）

情報源：Adapted from Mary Arnold, "Merchandising Works" (A handout from Serving the Underserved II, a seminar conducted by the Young Adult Library Services Association of the American Library Association, January 1996, in San Antonio, Texas), 3-18.

1　日本と同じく有名選手の写真がついたカードが多く出回っている。
2　写真が多く掲載されたスポーツ専門雑誌。電子雑誌版もある。
3　バスケット関係の読み物。
4　マンガのシリーズ。
5　サンフランシスコの空手道場の子どもたちが主人公のシリーズ。
6　トリビア・ゲーム。クイズを答えていって先へすすめるボード・ゲーム。日本では人生ゲームなどが販売されている。
7　麻薬ではなくて，精神安定剤などの中毒。学校などで定期的に投与されている子どもは多い。

立つだろう。しかし，単に机の上とか書架に置いておくよりも，ヤングアダルトに手渡すか，あるいは教室で配った方がよいだろう。簡潔でぴりっとした紹介文もまた，リストにあるタイトルのアピールにつながる。「付録H　読者向け注釈文の書き方」(How to Write a Reader's Annotation) については，153ページを参照されたい。

　リストも展示も，図書館の後援かどうかにかかわらず，図書館内外の関連行事と歩調を合わせる必要がある。ヤングアダルトたちが展示のアイディアやポスターをつくる手伝いができることを憶えておきたい。

ブックリストをいかに効果的に利用するか
・気づかせる──YAたちが借りた資料にリストを入れる
・YAコーナー入口を入ったところに，大きなサインとともにリストを置く
・読者援助サービスで関連する質問をした利用者にリストを手渡す (原注6)

▶▶ 読者援助

　読者援助はヤングアダルト担当図書館員にとって最も楽しく，報われることの多いサービスのひとつである。多くの図書館員がこの分野の仕事をめざすのは，自分たちが本と読書が好きだからだし，読者援助の仕事によって10代の要求と興味にあう図書を探す手伝いをしながら，YAと文学のおもしろさを分かち合う機会が得られるからである。雑誌やティーン向け雑誌をじっくり研究したり，ポップ文化を観察したり，10代たちと交流したりなどして，資料構築のためにかけたすべての時間や努力も，コレクションの中に若い利用者が求めていた資料に出会った時に十分報われることになるだろう。

　自分の図書館のヤングアダルト資料（YAにも適切な児童資料や成人資料も含む）を熟知しておくことが，よい読者援助サービスを提供するためには必要である。図書館員は自分の関心の範囲を越えて，幅広い多様なジャンルのタイトルに親しんでおかなければならない。キリスト教の影響の強いロマンスもの

> 読者援助の際に利用者にたずねる質問
> 1．何か特定のタイプの本を探しているの？
> 2．いままで，どんな本や作家がおもしろかった？
> 3．遊びで読みたい本を探しているの，それとも宿題で必要な本を探しているの？
> 　宿題で読むように言われている本は，たいていある基準がある。例えば長さとか分野とか歴史的な時期など。
> 4．いくつか本をすすめたあとで……こういうのが探しているものかな？
>
> いつも，いくつかのタイトルを一緒にすすめるのがよいし，また，利用者にあとで，それらの資料についてどう思ったかを教えてほしいと頼んでおくとよい。

を探している6年生［訳注：12歳くらい］の女の子や，ホラーと現実的な冒険の話しか読まない9年生［訳注：15歳くらい］の男の子の要求に応えるとともに，エイン・ランド[1]を見つけたばかりの高校生の要求にも応じられなければならないのだから。

　あなたの図書館に所蔵されている資料を読んだり，見たり，聞いたりすることから始めなさい。それぞれの資料のあらゆる言葉やあらすじを知っておく必要はないが，何が起こるかについて十分なイメージがつかめていればよいだろう。忙しい図書館では本を読める時間はきわめてわずかである。多くの図書館員は所蔵資料から選んで，自分の家へ持って帰り，自分の自由な時間に読んでいる。自分の図書館に所蔵しているものをまんべんなく知ろうと決意している人には当然のことだが，ヤングアダルト向け資料を読むことは，10代の利用者によいサービスを提供するために必要不可欠のことであり，勤務中の「ひまつぶし」とみなすべきではない。サービス・デスク[2]（public service desk）での利用者への対応の合間とか，職員が集まらなくて会議の開始が遅れているちょっとした時間を利用して，配架される前のYAの新着資料にさっと目を

1　Ayn Rand　心理小説やロマンスものなど300冊以上書いている作家。
2　受付カウンター。多くは質問などを受け付ける。

通しておこう。時間の許す範囲で，図書館の資料を熟知する義務とほかのやらなければならない仕事とのバランスをうまくとろう。利用者や同僚たちは，あなたがYA作家をよく知っていて，豊富な知識をもち，本の中でふれられている問題について論じることができるなら，それによって多くのものを得るだろう。

　ヤングアダルトたちにある本について説明するにあたっては，その本がおもしろく，刺激的で楽しいものだと思えるようにする。あらすじを細かいところまで話してしまうようなことは止め，その代わりに，利用者が数行の簡潔な文章でその本を「感じ」とれるようにする。しかし，まじめでさまざまな意見のある問題をごまかしたりしてはいけない。利用者は小説の中で出くわす主要なテーマが何なのか知ってよいが，それについて読むかどうかは当然自分で決めるべきものなのである。家族や友人にあなたのその「客寄せ口上」を試してみよう。それから10代に試してみよう。こうした口上は技術的には「短いブックトーク」とか「ジャケット・トーク」,「書架トーク」と呼ばれるものである。基本的には，テレビのコマーシャルのようなもので，ある特定のタイトルについて，30秒の話言葉で売り込むのである。

　もっとあらたまった，長く洗練されたブックトークを，教室や図書館訪問にきた生徒たちの一団にいくつかの本を紹介する時に使うことができる。「付録I　ブックトークのシナリオの書き方」(How to Write Your Own Booktalk)と「付録J　グループ向けブックトークのコツ」(Tips on Booktalking to a Group)については，156ページと157ページをみていただきたい。

　あなたが読んだヤングアダルト資料の記録を残しておくために，読書日誌(reading log)をつけよう。所蔵資料の中の何かを読んだり，見たり，聞いたりしたら，すぐに内容についてメモをとっておく。索引カードでもよいし，3つ穴バインダー・ノートでもよいし，コンピュータにデータベース化してもよいので，書いたものを管理しておく。あなたが書いた読書日誌をどのように利用するかによって，下記の情報のいくつか，あるいは全部を書いておくようにしよう。

タイトル，著者名，出版年，表紙のコピー。

あなたの考えで，対象となる読者や適切な読者は誰か。

ブックトークの原稿。ほかの人たちが読みたくなるよう，その作品が強調する点にハイライトをあてておく。

短いあらすじの要約。自分の記憶を呼び覚ますために，主な登場人物の名前を入れておく。

あなたの意見。その作品をほかの人たちと普段，話し合う際に自分の記憶を刺激するために。

言われそうな反対意見。適切な読者にうまくすすめられるように，あるいは議論を呼びそうなテーマについて敏感な利用者に知らせるために。

声を出して読み上げられるようなパラグラフが何ページにあるかを書いておく。

書評の引用。

関連する作品——この本を気に入ってくれた人にアピールしそうなほかのタイトル。

あなたの読書記録はグループ対象に行う正式なブックトークをするのに役立つかもしれないし，あるいは個々の読者援助の際にあなたの記憶を刺激するのに役立つかもしれない。自分が読んだ記録を残すことによって，自分よりヤングアダルトたちにアピールするテーマや著者をうっかり遠ざけてしまうようなこともなくなるだろう。方法にかかわらず，何らかの読書記録は一度読んだことのあるタイトルをたいてい思い出させてくれるものである。時には，職員集団として共通の読書記録，あるいは持ち運びできるノートを作っておけば，サービス・カウンター（Service Desk）の当番にあたった人は誰でもお互いに読んだり，見たり，聞いたりした知識を分かち合うことができる。職員会議で本の情報を交換すれば，新しいあるいは以前知らなかったタイトルに関する情報を得ることができる。

> YALSAの電子ディスカッション・リスト［訳注：メーリングリスト］のひとつであるYALSA-BKは，ヤングアダルト文学のすべての面について議論する活気みなぎるフォーラムであり，YAにサービスしようと企画している図書館でたった一人の司書である場合には特に役に立つだろう。加入するためには，listproc@ala.orgあてにメッセージを送る。本文に"subscribe"というコマンドを入力する。subscribe YALSA-BK

ヤングアダルトに読者援助サービスをする時，簡単なレファレンス・インタビューをすれば，その利用者が楽しんで読んでいる資料はどのようなタイプのものか，そして図書館に今回は何を探しにきたのかを知るのに役立つ。読者援助を希望する利用者は，本をすすめてほしくて図書館員に近づいてきたのかもしれないし，そうではないかもしれない。10代の多くは，ヤングアダルト向け小説を読んでいる図書館員がいるとは思っていないし，自分たちのお気に入りの作家や作品について知っている大人を見つけると，たいてい喜びながらも驚く。

図書館員に近づいてくる親たちはたいてい，自分たちの10代の子どもに読ませたい本を探している。もし，ヤングアダルトが一緒にいる時ならば，親の考えに頼らず，その子ども自身の関心を知るために直接話しかけるようにする。時には，親が言語表現や暴力，あるいは性的な内容の表現といった事柄について気にすることがある。こうした心配を尊重し，その親の基準に合致し，なおかつ子どもの関心にアピールする資料を探し出すことが重要である。もし，そのヤングアダルトが親に伴われずに戻ってきたら，親が前に明言した制限を強制する必要は図書館員にはない。その代わり，図書館員はそのヤングアダルトに読者援助のインタビューをして，そのヤングアダルトの個人的な要求と関心を判断するようにすべきである。

ヤングアダルトとその次に会った時に，読者援助ですすめた本についてたずねることは，常連の利用者と本をもとにした関係を築く上でとてもすばらしい方法である。多くの10代は，一度図書館にやってきて，その次にきた時まで自分の読書の関心をあなたが憶えていれば，感動するだろう。10代たちは，

あなたがすすめた本について自分の意見を話したがるし，また，あなたには馴染みのないほかの本のタイトルを教えてくれるかもしれない。こうして本を仲立ちにして10代と近づきになることにより，YAの関心に遅れないですむようになるだけでなく，10代利用者との交流をお互いに楽しみ，学び，成長することを知って深い満足感が与えられるだろう。

▶▶ レファレンスと宿題援助

多くのヤングアダルトは，ほかの理由では図書館をまず利用しないだろうという人も含めて，宿題を終わらせるために情報と援助を求めて，図書館を利用する。

宿題援助サービスは，かなり多くの図書館利用者と直接互いに影響しあう機会を与えてくれる。10代の情報要求を満足させられるばかりでなく，YAが積極的にレファレンスを利用できるよう援助することになる。これは図書館のPRにもなるし，将来の納税者や有権者の間に図書館への前向きな姿勢を形成するチャンスにもなるのだとは，若者の代弁者たち（Youth advocates）が好んで指摘するところである。確かにこれは忘れてはならないことだが，大切なのは，ヤングアダルトたちは現在の利用者であり，今日あなたの援助を求めているからこそ，あなたはヤングアダルトたちを助けるべきだということである。

ところで，誰の仕事なのでしょうか？

ここで，基本的な疑問に答えなければならない。すなわち，はたして公共図書館は宿題援助にかかわるべきなのかどうか？　学校図書館メディア・センターこそがすべきことではないのか？　ということである。

宿題の質問をする生徒たちを「助け」ないし，そのためのコレクション構築もしないし（「われわれは学校図書館ではない」），電話によるレファレンス・サービスも行わない（「そういうことなら図書館に来なければなりません」）という方針をもつ図書館があるという話を聞く。その図書館の多くが，地域のほかの

人々を「助け」ることにはとても熱心で，オンライン検索をしたり，電話によるレファレンスをしたり，といった図書館サービスを行うのに時間とお金を費やすことにとても一生懸命なのである。

　大人は1日8時間仕事に行く。若者たちは1日8時間学校へ通う。学校へ行くことはヤングアダルトたちにとって「仕事」とみなすことができるだろう。会社内の「専門」図書館の代わりができないことはわかっていても，公共図書館は資料構築によって地元のビジネス関係者や専門家の仕事を援助しようとしているし，その人たちのレファレンスの質問を尊重している。公共図書館は誰にも等しくサービスをしなければならないのだから，学校図書館メディア・センターの代わりはできないにしても，年齢にかかわらず生徒たちの勉強を助けるために資料構築を行い，質問を尊重して責任をもって援助しなければならない。

　それに，すべての生徒たちが学校図書館メディア・センターを利用できるとは限らない。自宅学習[1]をしているかもしれないし，学校に図書館がないのかもしれない。また，たとえあったとしても放課後やらなければならないこと（例えば，年下の兄弟姉妹の面倒をみるとか，補習授業やアルバイト）があるのかもしれないし，バス通学なのかもしれない。あるいはまた，予算の削減により学校図書館メディア・センターの規模と資料が乏しく，公共図書館だけが多くの生徒たちが宿題のための情報を得られる唯一利用可能な機関なのかもしれない。ヤングアダルトへの図書館サービスの提供について，学校図書館メディア・センターと協力できるのがベストである。しかし，最悪の場合には独自にやらなければならないかもしれない。

準備する

　「ヘリウムについてレポートを作成しているのだけど，先生は百科事典を使ってはいけませんって。」

---

[1] アメリカでは地理的な理由，あるいは宗教上の理由などで学校に通わず，自宅で学習している子どもが多い。

第6章
ヤングアダルトにサービスする | 75

「チョーサーについて本を5冊と，雑誌記事を3つ，新聞記事を3つ見つけないといけないの。」

「僕と友だちは2年生の英語の＊＊先生のクラスで，2人とも20世紀のアメリカ人作家の小説が3冊必要なんだ。僕は意識の流れを使ったものが3冊必要で，彼女はフラッシュバックか前兆を使ったものが3冊いるんだ。」

ヤングアダルトたちに宿題援助をする際につきあたる問題の多くは，あらかじめ準備しておけば避けられるか，あるいは少なくとも大幅に減少させることができる。あなたがレファレンス・デスクで，次から次へと忙しく利用者に応えている時に，突然「地獄からやってきた宿題」と向かい合わされるということが頻繁に起こることもあるだろう。あまりにも最新すぎるか，あまりにも専門的すぎて図書館では2，3の雑誌記事しか見当たらず，30人の生徒たちがそれぞれ別々に3つの情報源を，夕方になってから求めてきて，おまけに明日が締め切りときている。もしあなたがこのような状況がくるとわかっていて，それに対応するためにあらかじめ準備をしておけば，こうした状況にも対応しやすくなる。したがって，学校や同じ図書館の同僚との連絡を密にするようにしなければならない。そうすれば積極的に，自分自身でこういう事態にあらかじめ準備しておくことができるようになるだろう。

その準備に関する提案をする前に，いくつか簡単なコメントをしておこう。あなたぐらい忙しければ，仕事をもっと増やすなんてとんでもないことだろう。確かに以下の提案のどれかでも実行することになれば，時間とエネルギーが必要になる。しかし，これは投資とみなすことができる。見返りがあるし，後になってあなたの努力は時間とエネルギーの節約をもたらすことになる。それにまた，すべての提案を実行する時間もないだろう。でも，これらの提案のどれかでも実行できれば，あなたや同僚やヤングアダルト利用者の助けになるであろう。

学校との協働

　それぞれの目標は違うが，学校と公共図書館はどちらも接しているヤングアダルトの教育にかかわっている。公共図書館にいる人と学校にいる人が，ともに生活をシンプルにし，強力な味方と助けとなる同僚を増やすために，互いにコミュニケーションをとり，協力することは理にかなっている。学校とは可能な限りいつでも一緒に，力を合わせて仕事をしよう。教師から宿題の情報を提供してもらうにあたっては，学校図書館メディア・スペシャリストと協働しよう。お互いに課題についての情報を交換しよう。個々の教師と協働する際には，その学校のメディア・スペシャリストの仕事範囲を尊重し，あなたが行っているコミュニケーション，活動内容について知ってもらうようにしよう。もし，あなたが学校図書館メディア・センターをよく知らないのなら，『インフォメーション・パワー：学習のためのパートナーシップの構築』（原題 *Information Power : Building Partnerships for Learning*)[1] を読んで，その使命や目的，活動内容，それに学校図書館メディア・センターの職員の責任，行事内容についてその概略を理解しておこう（原注7）。この本には「生徒の学習のための情報リテラシー基準」（抜き刷りの形でも出版されている）が含まれており，公共図書館員も学齢期の利用者に対応する際に利用できる（原注8）。地元の学校図書館メディア・センターの職員と資料に親しみ，情報を分かち合い，協働していけば，同じような努力をくりかえして時間を無駄にすることが避けられる。もしあなたが協働している学校に学校図書館メディア・スペシャリストがいなければ，校長かあるいは校長が任命した人と協力しよう。

　学校図書館メディア・スペシャリストや教師たちとの情報の交換は難しいこともある。この人たちはたいてい，膨大な読むべき資料をかかえていることを憶えておこう。だから，くどくどと書いたものでコミュニケーションとろうなどとは考えない方がよい。また，拡大教職員会議でプレゼンテーションするこ

---

1 『インフォメーション・パワー：学習のためのパートナーシップの構築：最新のアメリカ学校図書館基準』同志社大学，2000. なおこの本の内容を具体的にすすめるための『インフォメーション・パワー2：学習のためのパートナーシップの構築：計画立案ガイド』（同志社大学，2003）も出版されている。

とも，情報伝達手段としては最善の方法とはいえないかもしれない。

計画する

　学校の毎日のスケジュールと年間スケジュールを入手しておけば，あなたが計画を立てる際に役立つだろう。もし学区域の範囲で，学校図書館メディア・スペシャリストたちが定期的に会合をもっているのなら，その会合に参加させてもらうよう頼むか，あるいはあなたの図書館の職員会議に来てもらうように頼むか，あるいはまた合同会議をもつようにしてみよう。分野別または学年ごとに，学校の建物内か学区域内で，少人数の教師たちと会う手はずを整えることができる。ひとつの方法としては，朝早くドーナツつきで公共図書館オープン・ハウスに学校職員を招待するとか，夕方か勤務中に簡単な軽食を出す集まりに来てもらうということが考えられる。昼食時間か，準備時間中か，放課後に個々の教師と会う約束をとりつけるか，電話をすることもできる。学校区域と公共図書館のニュースレターに短くて目をひく記事を掲載して，学校の全職員とお互いに情報交換をすることができる。教師や生徒たちに対してあなたが提供できるサービスの概要を書いたチラシを，毎年学校の年度始めに先生方のメールボックスに入れておくこともできる。そのようなチラシの例として，158ページにある「付録K　ヒンズデール公共図書館の学校向けサービス」(School Library Services at the Hinsdale Public Library) をみていただきたい。適切なルートを通じて打ち合わせをすることをいつも忘れないように。

　学校とコミュニケーションをとるには，前向きに，建設的な姿勢で，カリキュラムの援助をしたいという希望を担任や学校図書館メディア・スペシャリスト，先生方，そして生徒たちにきちんと伝えよう。自分たちが目指すところは共通で，生徒たちの成功を援助することであることを強調しよう。公共図書館で生徒たちが宿題をするのは望ましく生産的なことで，別にいらだたしい無益なものだとは考えていないことを力説しよう。

学校の課題と図書館

　あなたが学校図書館メディア・スペシャリストと協働しているいないにかかわらず,個人あるいはグループで教師とコミュニケーションをとる時には必ず,どんなやり方でもかまわないが,先生方に出した宿題について考えてもらうようにしよう。次のような基本的な質問を先生方自身に問いかけてもらうように提案する。この課題は公共図書館か,学校図書館か,あるいはその両方でこなしてもらいたいのか？　生徒たちにもっとほかの情報源を考えさせた方が適切ではないだろうか。例えば地元の歴史を調べるために個人的なインタビューをさせるとか,雑誌や政府文書を利用するため地元の大学図書館へ行かせるとか。

　おそらく多くの課題は公共図書館の利用にかかわっているので,教師たちは各課題の目的も考慮すべきなのである。まず,その課題は生徒たちに図書館とその探索ツール（目録とか雑誌記事索引,インターネット）の使い方を教えようとするものなのか？　あるいは,情報リテラシー技術の獲得と改善がその教育活動の付随的な目的となっているのか？　生徒が雑誌記事索引から記事を見つけ出すのか,それとも図書館員が関連記事の書誌リストを提供し,フルテキスト・データベースから記事自体をプリントアウトするのか,どちらが重要なのか？

　生徒たちに与えた特定の課題が,生徒にとってよりも,むしろ図書館員への課題になってしまうことを,教師に考えてもらうようにしよう。あまりにもひっきりなしに生徒が図書館にやってきて,多忙な図書館員に難しい質問,それも教師から指示されたこと,あるいは提案されたことについて明確でない（あるいは,はっきり理解していない）質問をかかえて近づいてくることがある。もし,その図書館員がこうした状況の中で生徒たちに適切なガイダンスをしようとすれば,かなりの時間を使って考え,努力しなければならないだろう。図書館員はその質問を解読する必要があるし,次にその生徒が必要とする情報が得られる情報源に知的に,そして物理的にアクセスできるようサービスする必要がある。その間,ほかの利用者は待たされつづけるかもしれない。こうした状況は,それにかかわったすべての人々にとってマイナスの効果をひき起こすことにな

る。その生徒は何も得られずに出て行くかもしれないし,教師はその生徒の「失敗」にがっかりするかもしれない。図書館員は教師に腹を立てるかもしれないし,ほかの利用者はだんだんいらいらしてくることにもなりかねない。教師に,質問を出す時に生徒がどこでどうやって情報を見つけられるかを考えてもらおう。そして,課題をこなすために明確な指示を出すのと同じく,答えを見つけるための手段を生徒たちに指示してもらうようにしよう。しかし,覚えておかなければいけないのは,いかに善意にあふれているとしても,どのように図書館を利用するのかを理解していない教師もいるということである。

また,教師たちは特定の資料の利用を制限したり,要求したりすることについてよく考える必要がある。例えば,特定の課題のために百科事典の利用を制限したり,インターネットの利用を要求したりする。多くの場合,適切な情報源は,一般的な百科事典か分野別の専門百科事典などの印刷情報なのであって,電子形態によるものではないということを教師たちに憶えておいてもらおう。とっかかりとして自分たちが気に入っている形態の情報源を使い,それからできれば,その他の情報源を見つけるような指導を生徒たちにするよう教師たちにすすめよう。すべての課題に「さもなければ図書館員がすすめるほかの資料」という文言を入れておいてもらうように教師たち全員に頼んでおこう。そうすれば,期待していた資料が使えなかった場合にも,困らないですむだろう。

最後に,教師たちに「大量の課題」[1]にかかわる問題や,それに対する援助の可能性の問題について考えてもらうようにしよう。こうした課題は,同じ本を多くの生徒が読み,同じテーマについてのレポートを書かせることになる。大量の課題は教師にとっては楽なものかもしれないが,生徒たちにとっても,学校図書館メディア・センターと公共図書館の双方にとっても多大なフラストレーションをひき起こすものとなる。こうした課題は,たいてい次のようなシナリオで進む。最初数人の生徒たちが図書館にやってきて,課題のテーマに関する貸出可能な本をすべて借り出してしまい,ほかのクラスメートたちには限

---

1 同じ課題を多数の生徒に一度に出すことをさす。

られた情報源しか残らないことになる。さらに，レファレンス資料は頻繁な利用によって壊れ，絶望した生徒たちによって切り取られ，盗まれたりするかもしれない。加えて，多くの生徒たちが課題をこなすのに十分な時間がなくなると，利用可能な検索端末やマイクロ・リーダー[1]が不足したり，生徒たちが座って利用できる場所が十分でなくなったりすることにもなるだろう。それでも教師たちには常に，尊敬と礼儀をもって接することを忘れないようにしよう。教師たちの出す課題にいかにいらいらしようとも，生徒たちへのサービスという共通の目標を重視し，協力することのメリットを忘れないようにしよう。

　生徒たちがあなたの傍に近づいてきたら，何を探しているのかを知る必要があるのだから，まだフィードバックできる時間があるうちに，学校があなたとこれから出す課題についてコミュニケーションをとることが重要であると学校に伝えるのがおそらく最も必要なことだろう。この点についてはどんなに強調してもしすぎることはない。学校に，関連する文書，例えばカリキュラム・ガイド[2]や教科書といったものを要求しておこう。カリキュラム・ガイドは，個々の科目についての情報，それに目標や目的，学校の活動，利用をすすめる情報源を教えてくれる。特に，地域の図書館や情報技術に関するカリキュラム・ガイドをよく検討しよう。それには教育課程，すべての範囲と順序がまとめて示されている。生徒たちに対しながら，教室で教わった情報リテラシー技術を教えたり，あるいは補強したりすることができる。

　学年はじめに，学校図書館メディア・スペシャリストや教師たちに必読図書と推薦図書のリストとともに課題のプリントを提供してもらうように頼もう。必読図書リストと課題を検討して，学校で利用可能な情報源を心にとめながら，あなたの図書館で提供可能なのは何かを考えよう。あなたの図書館における資料構築計画の不足している部分が明らかになり，何を分担収集すべきかがわかってくるだろう。もし，生徒たちが学校図書館メディア・センターと公共図

1　マイクロ・ロールやマイクロフィッシュなどになった新聞や雑誌のマイクロ資料を読む機械。
2　中学・高校とも単位制の学校が多いので生徒向けに取得科目の案内をするためのガイドを作成している。講義概要。日本でも単位制の高校が増加する傾向にある。

書館の両方の資料を利用しても，与えられた課題をこなせない場合は，その先生にほかの情報源を教える。年間を通じて，教師たちがあなたとコミュニケーションをとれるように，「課題通知」[1]を利用してもらうようにしよう。その書式は郵便料前納の封筒か葉書形式で印刷してあれば，特に役に立つ（表6.2参照）。教師たちに空白部分を埋めてもらい，郵便でその完成した書式を送ってもらえばよい。電子メールかファックス，あるいは課題通知の情報のため24時間利用可能な留守電つき専用電話回線を通して，メッセージを送ることができる。あるいは，図書館のウェブ・サイト上に課題通知の書式を載せておき，学校図書館メディア・スペシャリストや教師たちにウェブ上の書式を電子的に公共図書館に送れることを知らせよう。

　もし，ある教師から直接，課題通知の書式を受け取ったら，その課題についてまだ知らない場合もあるので，その教師の学校図書館メディア・スペシャリストに，ファックスで送ってあげるのが礼儀である。また，時には各学期の途中で，課題通知の書式を使うことを教師たちに思い出してもらうために，葉書か印刷したポスト・イットを送ると役立つこともある。学校と公共図書館との間に，こうしたコミュニケーションのラインをつくり，維持することによって，宿題援助提供の協力のための，さらに多くの機会ができるだろう。

情報源の共有

　もし，公共図書館における生徒の宿題の経験を生産的で前向きなものにしようとするなら，学校図書館メディア・スペシャリストたちや教師たち，そして公共図書館の図書館員たちはお互いにコミュニケーションをとり，情報源を共有してそれぞれのサービスと情報源について熟知していなければならない。教師たちとコミュニケーションをとる際には，生徒たちに宿題援助サービスを提供するのに影響を及ぼす可能性のあるあなたの図書館の方針や手続きについて

1　日本では東村山市立図書館などで実施している。参考：山重壮一「東村山市立図書館の"総合的な学習"支援事業」『現代の図書館』Vol.40 No.1（2002）p.45-50

| 表6.2
| 課題通知

課題を出す10日前にファックスするか郵便で送ってください。
(ここにファックスや郵送のために必要なほかの情報を入れておく)

教師名＿＿＿＿＿＿＿＿＿＿＿＿＿＿＿＿＿＿＿＿＿＿＿＿＿＿
学校図書館メディア・スペシャリスト名＿＿＿＿＿＿＿＿＿＿＿＿
学校＿＿＿＿＿＿＿＿＿＿＿＿＿＿＿＿＿＿＿＿＿＿＿＿＿＿＿
学年＿＿＿＿＿＿＿＿＿＿　電話番号＿＿＿＿＿＿＿＿＿＿＿＿
ファックス番号＿＿＿＿＿＿＿＿＿＿＿＿＿＿＿＿＿＿＿＿＿＿

課題あるいはプロジェクトの簡単な説明
(もしできれば，生徒に渡された課題のコピーをつけてください)
＿＿＿＿＿＿＿＿＿＿＿＿＿＿＿＿＿＿＿＿＿＿＿＿＿＿＿＿＿
＿＿＿＿＿＿＿＿＿＿＿＿＿＿＿＿＿＿＿＿＿＿＿＿＿＿＿＿＿
＿＿＿＿＿＿＿＿＿＿＿＿＿＿＿＿＿＿＿＿＿＿＿＿＿＿＿＿＿

この課題をする生徒の数＿＿＿＿＿＿＿＿＿＿＿＿＿＿＿＿＿＿
課題開始時期＿＿＿＿＿＿＿＿＿＿＿　終了時期＿＿＿＿＿＿＿＿＿
学校図書館メディア・スペシャリストはこの課題のことを知っている＿＿＿＿
適切な通知があれば，当館の職員は以下のことができます：
・テーマが限定されていて情報源が限られている場合は，利用可能な資料コレクションを収集します
・広い範囲のテーマで利用できるレファレンス・ツールと貸出可能な資料の所在記号を提供します
・公共図書館のどこに資料があり，また利用可能かどうかをファックスであなたにお知らせします

説明しておく。例えば，開館時間や電話レファレンス・サービスの方針，図書館の利用法について図書館が提供しているプログラム，「パスファインダー」や利用者向け書誌リストがあるかどうか，レファレンス・ツールや雑誌を一夜

第6章 ヤングアダルトにサービスする

貸し[1]で借りられるかどうか，オンライン検索サービス，図書館間相互貸借制度（ILL）の方法，資料収集方針，などについて。また，「生徒の学習のための情報リテラシー基準」(原注9)を学校と共同して行うことができる。165ページを参照されたい。

　図書館資料になじんでもらうための簡単な図書館ツアーに，個人的にあるいはグループで，教師や学校図書館メディア・スペシャリストを招くのもよいだろう。レファレンス資料には特に注意を払ってもらうようにする。教師たちはそれまで知らなかったいくつかとても役立つレファレンス資料を生徒たちに教えられるようになるかもしれないし，学校図書館メディア・スペシャリストたちはあなたの図書館の資料がいかに学校図書館メディア・センターを補ってくれるかを知ることができるだろう。学校図書館メディア・センターを訪問して資料になじんでおく。教師たちには課題のプリントをもってきてもらうように頼もう。学校図書館メディア・センターと公共図書館にある，いますぐ利用可能な資料を使って生徒たちが課題をうまくこなし，情報リテラシーを身につけられるように，学校図書館メディア・スペシャリストたちと協力して，教師たちに考えてもらおう。

　図書館が生徒たちに提供できることについて教師たちに知ってもらうのは，持続的に行わなければならないので，1回だけですむものではない。継続的に課題を評価し，問題が起こればいつでも学校図書館メディア・スペシャリストと教師に知らせ，ほかの方法について話し合う必要がある。そうするための最も直接的なやり方としては，学校図書館メディア・スペシャリストに（もし人がいれば）電話をかけるか，可能であれば個々の先生にも電話をして，その課題について話し合うことである。しかし，学校図書館メディア・スペシャリストと教師たちは電話に出られないことが多いし，あなたの時間にも限りがある。おまけに，生徒はしばしば何か「もって」いきたがるので，課題にかかわる問題について迅速なコミュニケーションをとるには，告知書式を利用するのがよ

1　オーバー・ナイト・ローン　参考図書など貸出禁止の資料を閉館時から次の日の開館時まで貸し出す制度のこと。

表6.3
保護者と教師への告知書

図書館名：＿＿＿＿＿＿＿＿＿＿＿＿＿＿＿＿＿＿　日付：＿＿＿＿＿＿＿＿

保護者と教師の方々へ

　　私たちは生徒が自分を育てるために，あるいは宿題をこなすために学校図書館メディア・センター所蔵資料を補うものとして公共図書館を利用することを歓迎します。

　　私たちは学校図書館メディア・スペシャリストや教師たちとともに，生徒たちが情報リテラシーを身につけて卒業するように，生徒学習基準に従って協働しております。

　　しかしながら，時には，さまざまな条件によってサービスが制限される場合があります。例えば，

＿＿＿＿＿＿＿＿＿＿＿＿＿＿＿＿＿＿＿＿＿＿＿［訳注：ここに生徒の名前が入る］が，本日，当図書館を訪れた際，私たちに要求されました＿＿＿＿＿＿＿＿＿＿＿＿＿＿＿＿＿＿＿＿＿［訳注：ここに資料名ないしは宿題のテーマなどが入る］を提供することができませんでした。なぜならば，

1. ＿＿＿＿　このテーマに関する資料がすべて，すでに利用中であったから。
2. ＿＿＿＿　検索がうまくいかず，適切な資料を提供できなかったから。
3. ＿＿＿＿　当該生徒が利用できる資料の種類が厳しく制限されていたから。
4. ＿＿＿＿　このテーマについての最適な情報源が館内利用に制限されていたから。
5. ＿＿＿＿　設問をもっと明確にする必要があります。図書館にお電話ください。
6. ＿＿＿＿　一度に多くの生徒に同じ資料は提供できかねます。
7. ＿＿＿＿　このテーマについての資料がほかの図書館利用者からも要求されています。
8. ＿＿＿＿　課題の期日が迫っているので，図書館間相互貸出制度で取り寄せできません。
9. ＿＿＿＿　そのほか：＿＿＿

　　どうか，あらかじめ課題について通知していただきますようご配慮ください。そうすれば私たちはもっとよいサービスをさせていただけます。

図書館員名：＿＿＿＿＿＿＿＿＿＿＿＿＿＿　電話番号：＿＿＿＿＿＿＿＿＿＿＿＿＿＿

いだろう（表6.3参照）。あなたの図書館のウェブ・サイトに，この書式に準ずるものを載せておくこともできる。

　この書式の目的は学校図書館メディア・スペシャリストと教師たちに，問題への注意をうながすものなので，例えば「私たちは生徒の公共図書館利用を歓迎します」といった前向きな文章で始めることが重要である。告知書には頻繁に起こる問題を列挙しておくべきである。例えば，そのテーマについての資料はすべて貸出中で利用できませんとか，生徒たちを満足させるほどの利用可能な資料数が十分ありませんとか，ある特定のテーマは新しすぎるか特殊すぎてこちらでは満足してもらえる利用可能な資料がありませんとか，課題の中身がよくわかりませんとか，そのテーマについてあまりに条件が多すぎます，といったようなことである。この書式をコピーして，生徒たちに先生のところへもっていけるようにすることもできるし，学校図書館メディア・スペシャリストのところへ送ってもらうこともできる。

　もし，この書式が役立つのなら，特定の問題について言及できるように十分な空白部分をとっておき，特別な問題解決を提案できるようにしておくべきである。また，同じ問題が複数の生徒たちの課題解決について言えるのなら，問題と解決方法をその書式に書き込んで，簡単に配れるようにいくつかコピーをとっておく。こうした告知書式は学校とのコミュニケーションの改善に役立つばかりでなく，よいPRの機会にもなる。この書式によって，生徒やその両親，先生たちにあなたが援助しようと努力したことや，よいサービスをすることに興味をもっていることが理解してもらえるだろう。

図書館内での仕事

　完璧な世界なら，すべての学校図書館メディア・スペシャリストと教師は，これから出す課題についてあらかじめ確実にあなたに連絡をとってくれるだろう。現実のそう完璧ではない世界においてさえ，学校図書館メディア・スペシャリストと教師たちから何か知らせはあるだろう——もしあなたが継続的に連絡をとるようにすれば。しかし，学校図書館メディア・スペシャリストや教師た

ちからすべての課題について，知らせがあると期待してはいけない。

　宿題と思われるレファレンス質問をかかえて，ある生徒があなたのところへやってきた時にはいつでも，それが確かに宿題であるかどうかをまず判断しよう。個人的な問題についての質問の場合には，これはちょっと判断が難しくなる（堕胎，離婚，薬物中毒，自殺，など）。その利用者が何のために情報を求めているか聞くよりもむしろ，情報の種類を狭めるような質問をした方がよいだろう。「あなたは薬物中毒について学校の課題をしているの？　それとも自己援助の本を探しているの？」と聞くよりも，「あなたは学術的な情報，例えばアメリカにおける薬物中毒についての統計を探しているの？　それともどうやって個人が薬物中毒を乗り越えることができるのかということについて，具体的な方法を知りたいの？」の方がよいだろう。たいてい，質問をした生徒は課題のために情報を探しているのだとはっきり答えてくれる。その場合には，先生から課題のプリントをもらっているかどうかたずねよう。もしもっていれば，コピーをとってよいか頼む。これから先の宿題のために配慮するのと同時に，すべての関係職員が見られるノートに課題のコピーを入れておけば，生徒たちのさしせまった要求に応えるのにも，課題に対するその後の対策にも役立つ。

　もし何もプリントがなければ，いくつか大事な質問をしておこう。例えば，

　　その課題の期限はいつまでなのか？

　　同じテーマでたくさんの生徒がやるのか，あるいは異なるテーマが与えられているのか？

　　どれくらいの情報を必要としているのか？

　　先生にどこでどうやって情報を入手したのか言わなければならないのか？（例えば，情報技術を試すために考えられた課題か？）

　　あるいは簡単な答えが必要なだけなのか？

　この答えにもとづいてその課題の簡単な概要を書き，助けになりそうな情報源を何であれメモしておこう。できれば，学校図書館メディア・スペシャリストか教師に連絡して，その生徒から得た答えを確かめておき，そのほかの情報を入手しておこう。もしそのほかの情報や訂正があれば，最初のメモを手直し

する必要があるだろう。

　いったん宿題についての情報を得たら，自分自身だけにとどめておいてはいけない。できるだけ早く同僚の図書館職員に最も容易な連絡方法で知らせよう——各部署の会議や個人的に，あるいはレファレンス・デスクにメモを置いておくなどの方法で。

　生徒たちの宿題のプリントをいくつかコピーすることに加え，あなたの書いた概要のメモや教師や学校図書館メディア・スペシャリストからの資料もいくつかコピーをとっておこう。ひとつをマスターとしてファイルしておき，ほかのものをレファレンス・デスクのフォルダかノートにとっておこう。いま進行中の課題についてほかの図書館員に知らせる際に，これを使うことができるだろう。また，ほかの図書館員がこの課題に関して，何かわかったことがあればその情報もつけ加えてもらうよう頼んでおこう。そうすれば，すべてのカウンターの職員が現在進行中の宿題について，ひとつの情報源を共有することになるだろう。

　グループ課題に対処する[1]伝統的なよい方法のひとつに，一時的なレファレンス書架をつくっておくことがある。この書架には，ほんのいくつかの資料を配架しておく。百科事典以外のレファレンス・ブック，いくつかの重要な雑誌記事のコピー，貸出コレクションの中から1冊か2冊の鍵となる本を配架しておく。これらのよく使われる資料を利用する際には，各生徒に時間を制限し，リザーブ書架[2]にそれらの資料を必ず戻させるために何らかの身分証明書を提出させておく。複数の部門で同じ課題について生徒たちにサービスする場合には（例えば，児童室とレファレンス室），最も適切な情報源のあるところを生徒たちに教えられるように，お互いに課題についての情報を交換できるシステムをつくっておこう。リザーブ書架をつくっておけば，課題をやっているすべての生徒たちが主要な情報源に最大限に接することができるようになるし，資

1　日本での小・中学校でのグループ単位での調べ学習にあたる。
2　課題向けの資料を集めた短期的なコーナー。課題終了時まで貸出をしない，あるいは普通よりかなり短い貸出期間を設定して利用させる。

料の盗難や取り合いも最小限に抑えることができるだろう。

　グループ課題に対処するにはほかの方法もある。「パスファインダー」[1]は生徒たちやほかの利用者に，百科事典や雑誌記事索引，ファイル・キャビネット，図書館所蔵目録，電子情報源などで使われている関連する件名標目や索引語を提供して，テーマに関する情報を得られるようにする。また，そのテーマに関連する個人名（その分野の著者や伝記が書かれているかもしれない鍵となる人物など）も入れることができるし，あるいは関連資料の所在記号つきリストも入れることができる。何羽かの早起き鳥がすべての貸出できる"虫"を食べてしまった後では「パスファインダー」は問題解決にはならないかもしれないが，何度もくりかえして同じことを教えたり，生徒が考えもしなかった資料を提案したりする時間を大幅に短縮できる。例えば162ページにある「付録L　パスファインダー」（Pathfinder）を参照されたい。

　図書館の所蔵資料で課題に関する書誌リストをあらかじめ作成しておくのもよいだろう。こうすれば，所蔵していないタイトルを含む読書リストをもって生徒たちがやってきた時に感じるフラストレーションを避けることができる。この書誌リストは，図書館間相互貸借制度で資料を集めるのに十分な時間がない時には特に役に立つ。

　もしできるなら，誰か適当な学校図書館メディア・スペシャリストと一緒にパスファインダーや書誌リストを作成しよう。公共図書館と学校図書館メディア・センターの両方で所蔵する資料を使ってつくれば，生徒たちが役立つ資料を見つけるチャンスも増えるだろう。これは同時に，全体としての図書館サービスを進めることになる。ヤングアダルトたちは，異なる種類の図書館が連携していることを知り，利用者の要求に応えるため，ともに働こうとしている情報源ネットワーク共同体としての図書館を高く評価してくれるようになっていくことだろう。

---

[1] 道しるべ。探索テーマ別に入門的なものや概論的な資料の紹介からはじめて，段階的に絞り込んだ専門的な資料を発展させながら，紹介していく資料リスト。

第6章
ヤングアダルトにサービスする

　公共図書館における宿題援助を提供するそのほかの方法として，年度途中のいろいろな時期，特に期限のある研究レポートの援助が最も多く求められる時期に，「宿題援助センター」[1]を設立し利用できるようにするというのもある。このセンターはボランティアで運営できるだろう。メンバーは現役の教師や引退した教師，両親，あるいは年上の生徒が考えられる。図書館利用とレファレンス・インタビューの基本技術について最低限の「再」教育を行えば，ボランティアによる宿題ヘルパーの活用は，特に職員が少なく，オーバーワーク気味の状況にある時にはよい方法となるだろう。宿題援助センターの立ち上げには多くの時間と図書館情報源を必要とするが，ボランティアによる実現可能性について討議をはじめないという理由はない。家庭教師あるいは宿題ヘルパーとなるボランティアは，識字ボランティア[2]と同じくらい役に立つ。1995年8月時点では，ヤングアダルト向け宿題援助プログラムは公共図書館のわずか12％でしか提供されていなかった(原注10)。

　利用者に対する課題援助を提供するもうひとつの方法としては，図書館のホームページに課題ヘルプのサイトをつくり，インターネット上の特定テーマ別のサイトや検索ツールにブックマークをつけておくというものがある。宿題サポート・ウェブのサイトは，パトリック・ジョーンズと，ルネ・ヴィランコート，それにカーメル・クレイ（インディアナ州）公共図書館10代図書館理事会による「宿題をする人への援助」という雑誌記事の中の「YAクリック」コラム（VOYA　第21巻第2号　1998年6月）に評価がある。また，ヤングアダルト担当図書館員向けのお助けホームページ（http://yahelp.suffolk.lib.ny.us）とティーンフープラ（Teen Hoopla, http://www.ala.org/teenhoopla）に宿題援

1　日本では夏休みの自由課題などに対応する時期に，公立図書館でボランティアを募り，課題対応のための援助活動を行うことが考えられる。日本では小学生なら中・高校生，中・高校生のためには大学生などが考えられるだろう。アメリカではBig Brother/Sisterプログラムと呼ばれ，年下の子どもたちへの「家庭教師」的な学習援助活動として活発である。参照　*Programs for School-Age Youth in Public Libraries. Report of a survey conducted for the DeWitt Wallace - Reader's Digest Fund.* Chicago and London : American Library Association, 1999.
2　アメリカの図書館では英語を母語としない新移民の人々に対する識字学級がさかんであり，その学習援助者や話し相手は公共図書館での重要なボランティアの仕事として位置づけられている。

助に役立つサイトのリンク集[1]を見つけることができる。

　ヤングアダルトたちのために宿題援助をしたり，サービスしたりしていると，所蔵資料のどの分野を改善すべきかがわかってくるだろう。もしあなたがコレクション構築の直接の担当でないのなら，くりかえしになるが，図書館の同僚とコミュニケーションをとり，気づいた問題について適切な担当者の注意をうながすようにする。あなたの図書館の資料構築計画に宿題のための資料を入れるのを忘れないようにする。インターネットやほかのオンライン情報源を活用して，わかりやすくタイムリーな資料を多くの生徒に与えることができる。特定分野のレファレンス・ブックを収集するのも，宿題援助に役立つならば意味あることだろう。

レファレンス・インタビュー

　「家出した女の子が何人堕胎したか，何人麻薬を使用したか，正確な数値を知りたいのです。」

　「学校の課題でクレオパトラの伝記を読まなくてはならないの。」

　「ハムレットの復讐とスティーブン・キングが書いた本の中の復讐とを比較した本がいるんだ。」

　「歴史についての本はどこにあるの？」

　ヤングアダルト向けのほとんどの宿題援助は，レファレンスの仕事の範疇に入る。そして，この仕事の多くは，まさにレファレンス・インタビューの経過をたどっていくだろう。

　どのようなレファレンス・インタビューでも，まず最初の目標は，その利用

---

1 VOYAはヤングアダルト・サービスの専門雑誌。リンク集はニューヨーク州サッフォーク郡図書館が作成しているものと，アメリカ図書館協会が作成しているものである。日本では子ども向けサイト集や，教育情報ナショナルセンター（www.nicer.go.jp/teens）などがあるが，2004年現在，図書館サイドから作成している中学・高校生向けの宿題のための十分なサイト・リンク集はまだできていないといってよい。特に地元の歴史や文化などについての子ども向け情報リンク集は各地域の公立図書館による作成・維持が求められる。

第6章 ヤングアダルトにサービスする 91

者が実際のところ何を求めているのか，どの程度の情報を必要としているのか，そしてその深さはどれくらいかを判断することにある。いったんこれらが明確になれば，図書館員は要求された資料を利用可能なように知的に，そして物理的に援助できるし，またその利用者が必要なものが手元にあることを教えることもできる。

　一般的にレファレンス・ワークは「創造的な芸術」と呼ばれ，特にレファレンス・インタビューは「演じる芸術」だと呼ばれてきた。確かに，科学というよりは芸術だといえるだろう。インタビューを成功させるための決まりきった定石というものはない。コミュニケーション技術は効果的なインタビューには欠かせないが，学んで身につけていくことができる。これは，話す技術と話言葉を伴わない技術の両方を含んでいる。つまり，

- 目をあわせる。
- 気楽な態度で接し，これを維持する。
- 関心をもっているという調子で話す。
- 情報を憶えておいて，選び分ける。
- 利用者や質問について早まった思い込みをしない。
- 言い換える，あるいは意訳する。
- 励ます。
- オープン・エンドの質問をする。[1]

　宿題援助を提供するためにあなたが準備をしたからといって，ヤングアダルト利用者が本当に求めていることを，すばやくレファレンス・インタビューで知ることができる場合以外は，一足飛びに結論をくだしてはいけない。経験を重ねれば，最初の質問で求めていることをはっきりと聞き出せる利用者はあまりいないことがわかるだろう。「イリノイ州についての本」を探している生徒

---

[1] 相手にできるだけいろいろ言わせる質問の方法。いつ，どこで，誰が，何を，などで始まる質問。クローズド・エンドの質問は，はい，いいえ，の答えしかできない質問であり，質問者からそれ以上手がかりとなるキーワードを引き出せない。

は，実はシカゴの地図がほしいのかもしれない。インタビューの間，言われたことをくりかえしたり，言い直したり，またオープン・エンドの質問をして，質問の正確な内容を知る必要がある。

いったんテーマを明確にしたら，どれくらいの情報が必要なのかを決めることが重要である。「マーティン・ルーサー・キングの生涯についての本」を探している生徒は，もしかすると単に彼の生没年月日について知りたいだけなのかもしれない。10ページのレポートを作成している生徒は，1ページのレポートを書いている生徒よりも，より深い内容の資料を必要とするだろう。ここでもう一度，くりかえし言い直し，オープン・エンドの質問をすることがその要求をはっきりさせるのに役立つ。そのヤングアダルトの知的教養レベルを判断し，そのレベルにふさわしい資料を提供するために，注意深いレファレンス・インタビューを行おう。

ヤングアダルトたちの多くはあまり融通がきかず，直線的な考え方をする。ヤングアダルトたちがほかの検索方法や情報源にあたるように助けていく必要があるかもしれない。Xについての課題が与えられると，本全体がXについて書かれているものを探さなくてはいけないと考え，Xが含まれているもっと一般的な情報源について調べようとは考えない可能性がある。例えば，レファレンス・デスクのところへある生徒がやってきて，こう言う。「ビリー・ザ・キッドについて2ページのレポートを書く必要があるんです。百科事典を使っちゃいけないのに，彼についての本は全部貸し出されてしまってる！」この生徒には西部開拓時代についてのもっと一般的な図書館資料か，あるいはアメリカ犯罪史を調べてみれば，何か見つかるかもしれないと言ってあげる必要があるだろう。また，レファレンス・インタビューをしている間に，その利用者がこの図書館にはない情報，例えば，収集されたことがないデータか，あるいは利用できないデータ，例えば2人の著者の作品を比較しようとしているのに，片一方については収集していないようなことがわかるかもしれない。この問題を指摘し，その生徒が何を利用できるかを教えてあげる必要がある。

時には，ある特定のテーマについて探している生徒，例えば，原子核結合に

関する情報を探している生徒が，あなたが知っていることよりもずっと多くのことを一般的な主題分野について知っていることもあるだろう。もし，あなたがその分野について適切な知識をもっていないのなら，無知を認め，その生徒にそのことについてもっと話してくれるように頼もう。そうすると，その生徒は自信をもつようになる。また，レファレンス・インタビューに参加しているという感じができて，検索方法を明確化するのに役立つかもしれない。

　常に，特定の情報要求をあなたが理解し，適切に問いかけていることを知るため，「これがあなたの探していたことですか？」といった質問を，レファレンス・インタビューにつづけてしておく。生徒たちがもっと助けが必要ならば，あなたに知らせてくれるようすすめ，また，もし生徒たちが検索の過程で問題にぶつかったら，あなたが相談に応じられることを知らせておく。

　多くの人々は図書館を利用することにある程度不安を抱いている。多くの成人利用者と違って，宿題をしようとしているヤングアダルトたちはたいてい，あまり研究熱心ではない。宿題を課せられたヤングアダルトたちは落第したくないという心配以上に強い意志をもっているわけではないだろう。時には，最初のところをあなたにやってもらって，助けてもらうことを求めている。ヤングアダルトはあなたが相談にのってくれて，楽しく，助けになり，興味をもってくれ，そして自分たちと自分たちの質問を尊敬して扱ってくれることを求めている。このようにしてレファレンス・インタビューを行い，注意深くそのインタビューを導いていけば，あなたはとても価値ある援助ができるだろう。

情報リテラシー教育

　情報リテラシー技術の指導に公共図書館員はどの程度かかわるべきなのだろうか？　地元の学校図書館メディア・スペシャリストとともに，特にこの目的を達成するためにグループ・プログラムを提供することにしてもよいだろう。しかし，情報リテラシー技術は習っている教科とともに，またさしせまった理由がある時（つまり，達成しなければならない課題があって，情報技術がその課題達成に役立つ時）に，一番学習されやすいといわれている。個々の生徒あ

るいは少人数のグループ援助に際して，くだけた感じでやり方を教える方が，グループを対象に書誌的な教育をするよりも，十分であるだけでなく効果的でもあるということがわかるだろう。

アメリカ学校図書館員協会[1]と教育コミュニケーション工学協会[2]では「生徒の学習のための情報リテラシー基準」を発表しているが，それによって学校図書館員と公共図書館員は生徒たちの情報入手能力を判定することができる(原注11)。基本的基準のリストはまた，アメリカ学校図書館員協会から教育者や両親，そのほか関心のある地域の人々向けに配れるように，簡単な印刷物の形で出版されている。165ページにある「付録M　生徒の学習のための情報リテラシー基準」(Information Literacy Standards for Student Learning) を参照されたい。

ヤングアダルトや成人利用者にサービスする時には，あなたが何をしているのか，なぜそうしているのかを話そう。目録や書誌，あるいは電子索引を利用する際に，どんなふうに使うのか——アクセス・ポイントや相互参照，請求記号，引用文献，などについて説明しよう。もし，あなたがその利用者を書架へ連れていって，探している資料を示す時間があるのなら，書架のレイアウトと本の並べ方について具体的に説明しよう。利用者はあなたが説明していることを学びたいと本当は思っていないとしても，与えられたちょっとした知識は，その利用者が次に図書館を利用する必要がきた時に役に立つだろう。

インターネット経由の方が早く簡単に情報入手できるので，あらゆるテーマについて情報を獲得するためには，インターネットが一番よい情報源だと人々は思い込む傾向にある。求める情報のタイプの違いによって，最も適した検索方法を生徒たちに教えるのが，図書館員と教師の責任である。また，ウェブ上で（そして印刷媒体で）入手した情報を，生徒たちが批判的に評価することを学び，その信頼性を判断できるようになることも重要である。

こうした教育は，利用者が情報を入手するのを援助する際に，情報源とその権威の問題について話し合いながら地道に行っていくのがよいだろう。しばし

1　AASL：The American Association of School Librarians
2　The Association for Educational Communications and Technology

第6章
ヤングアダルトにサービスする

ば，レファレンスの検索のステップを言葉で簡単に話すことによって，利用者が自分で探そうとする場合にどうすべきかを教えることができる。情報リテラシーに関して学校での正規教育がどうなっているかを知り，公共図書館の指導（正式であれ非公式であれ）はそれを補うものであることを認識しておこう。

とりわけ，追跡し確認することを忘れないようにする。利用者が時間をかけて何らかの資料を選び，調べ終わったら，利用者にその質問にうまく応えられるものが見つかったかどうかをたずねよう。もし，見つからなかったのなら，もう一度援助を申し出るようにしよう。

このほか，宿題援助をする際に，どこまで援助できるかについて，はっきりさせておかなければならない点がいくつかある。例えば，図書館間相互貸借を通じて生徒たちはどの程度まで資料入手が可能か，電話によるレファレンスを受け付けるのかどうか，オンライン・データベース検索能力と準備，あるいは生徒たちに自分自身で検索させるのかどうか，といったことである。こうした問題については，すべての図書館の運営方針がヤングアダルトに資料への平等なアクセスを保障していなければならない。

図書館サービスが認めている目標のひとつに，「読者の時間を節約せよ」[1]というものがある。ヤングアダルト利用者のために宿題援助を行う際にこれを実現し，そしてあなたの少ない時間を節約するためにも，忘れてはならないことが2つある。準備とコミュニケーションである。注意深く準備し，はっきりとコミュニケーションをとることによって，公共図書館で宿題をするという経験がヤングアダルトたちにとってそれほどいらいらするものでなくなり，また，あなた自身にとっても重荷とならないようにすることが可能となる。

---

1 ランガナタンによる図書館学の5法則のひとつ。S.R. ランガナタン『図書館学の五法則』日本図書館協会，1981

▶▶ プログラム（行事）

> **人気のある行事のアイディア**
> 　作家の図書館訪問
> 　学期末の打ち上げ行事（音楽と，ちょっと食べるもの，そして勉強する場所）
> 　ゲーム・コンテスト（伝統的なボード・ゲームとロール・プレイング・ゲーム）
> 　高校入学準備プログラム（中学生とその両親対象）
> 　本と映画鑑賞プログラム（映画をみせて，原作とどのように違うのかについて話し合う）
> 　殺人推理小説（10代の利用者が書き，演出し，出演したもの）
> 　図書館に泊り込む（籠城[1]）
> 　大学入学と学費援助に関するワークショップ（高校生向け）
> 　クイズ・コンテストあるいは「本のバトル」
> 　タレント・ショー（「バンド・バトル」など）
> 　夏休みの読書
> 　ベビー・シッターになるためのワークショップ[2]
> 　クラフト（陶器制作，ネクタイの染め，ジュエリー制作）
> 　マンガを描くためのワークショップ
> 　創造的な文章や詩を書くためのワークショップ
> 　コーヒーハウスと詩のライブ
> 　夏休みのアルバイトのためのワークショップ

　1995年の時点で，おおよそ半数の公共図書館（57％）がヤングアダルト向けに夏の読書プログラムを行い，33％が10代の若者たちが関心をもつテーマのもとに集会やワークショップを行っている（原注12）。ヤングアダルトたちに読書をすすめるばかりでなく，夏の読書プログラムは，その図書館所蔵の印刷資料や視聴覚資料の利用をすすめることになる。また，発表やワークショップはヤングアダルトの学習や娯楽の要求に合致し，図書館が地域の文化センターとして受け入れられることにつながる（表6.4参照）。

1　子どもたちが各自，寝袋を持ち込んで，図書館の書架の間などで泊り込み，ストーリーテリングなどを行うプログラム（行事）は，アメリカの図書館では盛んに行われている。
2　高校生がベビー・シッターをするためには，条件として人工呼吸など基本的な救急医療について消防署や病院などで講習を受けることを求めることが多い。

表 6.4
ヤングアダルト向け行事を行う理由

ヤングアダルトたちを図書館にひきつけるために。
図書館を利用したことのない人に図書館サービスを紹介するために。
図書館資料の利用を活性化するために。
図書館が提供するサービスをドラマ化して，図書館をヤングアダルトたちがさらに行きやすく，おもしろそうだと思う場所とするために。
10代の若者たちから図書館に力を注ぎ込んでもらい，その見返りを得てもらうために。
図書館とその職員を地域社会の中で，活動的で不可欠なものとして確立するために。
図書館利用から遠ざけられ続けている若者たち[1]の障壁を切り崩すために。
ヤングアダルトたちが一人の若者になっていくのを援助するために。
ヤングアダルトたちが自分探しをするのを手伝い，帰属感を得てもらうために。
ヤングアダルトたちが社会的につきあい，そして一緒に活動できるような組織を提供するために。
地域社会での空白[2]を埋めるために。
ヤングアダルトたちが責任をもつ機会を提供するために。
新しいアイディアを紹介し，すでに存在するアイディアの幅を広げるために。
ヤングアダルトが自分たちの世界と図書館との間に関係をもてるよう援助するために。
図書館行事は，情報や教育，そしてレクリエーション提供のもうひとつの方法である。
図書館行事は，図書館員と10代の若者たちの双方にとって，豊かに，そして楽しくやっていけるものである。
図書館行事は，図書館サービス全体の重要な要素である。

情報源：From "The Way of YA Programming" (A handout from Serving the Underserved, a seminar conducted by the Young Adult Library Services Association of the American Library Association, June 1994, in Miami, Florida), compiled by Judy Druse with input from numerous Serving the Underserved trainers.

---

1 少年院などの施設に収容されている若者たちなど。
2 地域社会では10代の若者たちは居場所がないことをさす。

ヤングアダルト向け図書館プログラムの鍵となるのは準備である。プログラム実施の前に十分に時間をとって，すべての細かい部分まで順番どおりにきちんとすすめられるようにしておく。最も成功した企画のいくつかは，10代の若者たち自身によって生み出されたものである。あなたの図書館の10代助言委員会（TAB）に行事のテーマについての考えをたずねよう。YAにアピールする著者あるいはワークショップのリーダーを教えてくれるかもしれない。10代利用者たちがすべての段階で参加できるようにして，YA向け夏の読書プログラムの構成を決めさせ，賞を選ばせ，あるいはYAの図書館泊り込み活動を企画させよう。もし，外部の講演者や司会者がいるなら，交通や宿泊，謝礼金，日程を交渉するために十分な時間をとっておく。あなたの希望する点とお礼についての同意を明記した文書を作成する。地元（と学校）の新聞と，地元のテレビ局やラジオ局に宣伝をして，その行事（YAたちの援助とともに）を推進していくことを忘れないようにしよう。学校や図書館，それに10代の若者たちの地域のたまり場にポスターやチラシを掲示しよう。プログラム当夜に10代のボランティアを募っておいて，準備や後片付けをしてもらう。ほかのアイディアについては167ページにある「付録N　プログラム（行事）のヒント」（Programming Tips）をみていただきたい。

　YA向け行事が終わるごとに生徒たちに簡単な評価をしてもらえれば，うまくいった点は何か，次回改善する必要がある点は何かがわかる。評価表の質問はあなたが最もおもしろいと思う行事のさまざまな側面について，評価しやすい形で作成する。将来の行事を改善するために，受け取った提案は必ず実行するようにする。例えば，169ページにある「付録O　ヤングアダルト向けプログラム（行事）評価の例」（Sample Young Adult Program Evaluation）を参照されたい。

　行事はしばしば，ヤングアダルトたちを図書館に来てくれるように勧誘することができるすばらしい方法である。また，いつでもYA向け行事で話題の図書館資料をすすめることにより，図書館所蔵資料の上手な利用のしかたをうながすこともできる。でもおそらく最も重要なのは，楽しい行事は10代の若

第6章
ヤングアダルトにサービスする | **99**

> **ティーン読書週間を祝おう！**
>
> アメリカ図書館協会の一組織であるヤングアダルト・サービス部会では，アメリカ学校管理者協会[1]やアメリカ出版販売協会[2]，アメリカ中学校校長会[3]，英語教師全国会[4]，全国教育協会[5]とともに，読書の楽しさを祝う年に一度の行事として「ティーン読書週間」を展開している。その目的は10代の若者たちにもっと頻繁に本を読んでもらい，両親や教師たちが幼い子どもたちと同様に年上の子どもたちにも楽しむために本を読むようにすすめてもらうことにある。
>
> 今年のテーマやおすすめの活動についての情報はティーン読書週間ウェブ・サイトにある。　http://ala8.ala.org/teenread
> あるいはリンダ・ワドルかデボラ・デイビスに連絡されたい。
> 電話番号 800-545-2433 内線 4391/2148　ファックス番号 312-944-8520
> 電子メール　lwaddle@ala.org dedavis@ala.org

者たちに，図書館はおもしろくて，わくわくするところだと思ってもらえるようになることである。ヤングアダルト担当図書館員にとってもまた，普段図書館を利用しない10代の若者たちと出会え，一緒に活動できるすばらしい機会であり，この年齢層に対するよりよいサービスをどのように展開していけばよいかを再発見することになるかもしれない。

▶▶アウトリーチ活動

　公共図書館には，若者にサービスしている他組織と協力することによって貢献し得るものがたくさんある。多くの図書館はある程度学校と協力しているが，「中規模以上でかなり多くの利用者がいて，ヤングアダルト担当図書館員がいる図書館では，週200人以下の利用者数でヤングアダルト担当の図書館員がい

1　The American Association of School Administrators
2　American Booksellers Association
3　National Association of Secondary School Principals
4　National Council of Teachers of English
5　National Education Association

ない図書館に比べて，他組織機関と協働する傾向がずっと強い」(原注13)。しかし，小規模でヤングアダルト担当図書館員がいない図書館でも，その地域で，10代の若者にサービスしている他組織と接触することで得られるものは多いにちがいない。

団体の理事会や地元の行事に参加すれば，その地域で他組織とネットワークをうまく組めるようになる。多くの組織の代表者たちは，あなたに個人的に会えて喜び，自分たちの活動について討議したり，施設を案内してくれたりするだろうし，あなたも図書館で同じことを申し出ることができる。モンロー公共図書館（インディアナ州）のダナ・バートンは，自分の地域の若者向けサービスを行う人々とネットワークを組むのに革新的なやり方をした。つまり，若者を相手に活動していくためのアイディアと戦略を討論するために，図書館で泊り込みをしようと，そういった人々を招待したのである。

図書館員はある特定の場所にある所蔵資料を生徒たちに教えるため，学級単位での図書館訪問を長い間行ってきた。同じ考え方を若者にサービスしている他機関に広げていくことができる。公共図書館員は学校やその他の機関を訪問して，ブックトークやおはなし会，あるいは図書館の利用推進などを行うことができる。多くの中学校や高校の教師たちは，ヤングアダルト文学に誤った考えをもっているが，それは部分的には本屋のヤングアダルト向けコーナーに並べられているペーパーバックのシリーズについての自分たちの考えにもとづいている。公共図書館員は学校図書館メディア・スペシャリストとチームを組んで，教師たちに教室で利用するのに適当な質の高い多様なヤングアダルト文学作品を紹介することができる。「付録Ｉ　ブックトークのシナリオの書き方」と「付録Ｊ　グループ向けブックトークのコツ」について，155ページと156ページを参照していただきたい。

他機関では，図書館員が得意でない分野の若者向けサービスについて専門知識をもっている。例えば，公園およびレクリエーション部はその地域で10代の若者が参加できる行事について教えてくれるし，地元の病院は10代の健康面についての情報を提供してくれるし，芸術や文化関係団体はヤングアダルト

第6章
ヤングアダルトにサービスする | 101

> **ヤングアダルトにサービスする他機関と協力している公共図書館の割合**
> 学校と協力している（76％）
> 若者向け団体と協力している（54％）
> 危険な10代プログラム[1]と協力している（27％）
> 健康あるいは精神健康に関する機関と協力している（23％）
> 文化施設と協力している（19％）
> レクリエーション施設と協力している（17％）
> 少年矯正施設と協力している（9％） (原注14)

たちのためにコンテストのスポンサーになってくれたり，奨学金を出してくれたりするかもしれない。

外部機関と接触する際には，その機関が図書館に何ができるかということだけでなく，図書館がその機関に何ができるのかということも強調することが大切である。共同でプログラムや活動を計画したり，あるいは情報源を分担したりする際には，協力と共同作業による相互利益を常に強調すべきである。

図書館によっては，学校のクラスや地域センター，少年矯正施設[2]のほかにも，地域の商業的施設，例えばカフェやベーグル・ショップ，10代を相手にサービスするアーケードのようなところにも資料を置いている。情報源の共有は，また図書館間相互貸借制度やオートメーション化計画，あるいはオンラインによる資源共有といった形をとることになるかもしれない。

団体間の協力として最も成功した例には，図書館行事に関するものがある。商業的なビジネス団体では，たいてい夏の読書プログラムを促進するため公共図書館とチームを組む。若者にサービスしている図書館と他の団体は，相互の組織利用をねらって行事や活動を共同して行う。補助金の多くは，地域団体との協力を求め，資源をシェアするようにすすめている（表6.5参照）。

他の地域団体組織と緊密に活動する利点のひとつは，その地域でヤングアダルトたちが利用可能なサービスについて図書館側がよく認識できるようになる

---

1 Teen-at-Risk 政策は麻薬やアルコール中毒など，「キレル」10代を更正させるためにさまざまなプログラムを行っているもの。
2 少年院など。

> **表 6.5**
> **図書館と書店との読書についての協力体制**

共同してやってみよう！
一緒にやろう，地域の会合を企画しよう。
担当者
　　　公共図書館：ヤングアダルト・サービス担当の司書
　　　学校図書館：学校図書館メディア・スペシャリスト
　　　書店：子どもの本担当マネージャーと地域営業コーディネータ
情報源とノウハウをシェアする
　　　書店には，すてきな集まれる場所があり，ヤングアダルト向けの本購買の実情に通じていて，検閲の圧力から自由で，出版社から無料の講師と行事活動源がある。
　　　図書館には，情報源と背景になる知識があり，現在流通している本と同じく絶版の本やレファレンスの本があり，子どもたちと働くノウハウがある。
　　　学校図書館には，囚われた聴衆がいる。
図書館と書店とは協働できる，やってみよう！
　　　お互いのイベントの予定表を展示する。
　　　講師やキャラクターの衣装，出版社の資料をシェアする。
　　　教師たちと一緒に活動する。
　　　10代の仲間たちと本の書評をシェアする。
　　　例えば「焚書週間」といった行事など主なイベントをお互いに後援する。
　　　学校のブック・フェア[1]を一緒に実施する。
　　　全国的な受賞作品を宣伝するために共働する。
　　　ブックトークをして，おすすめのタイトルと情報源のリスト（図書館）と，人気のある10代向けの読書傾向についてのデータと読書グループのため値引きした複数の本（書店）を提供する。
　　　10代の若者の読書の質を高めるため，お互いの能力と責任を尊重しあう。

情報源：http://www.ala.org/yalsa/professional/bookstores.html

---

[1] お祭りのように，学校内でテーマごとに本を手押し車などに展示して，子どもたちの関心をひく催し。

第6章
ヤングアダルトにサービスする | 103

ことである。これによって，ヤングアダルト利用者にその要求にあう団体を紹介することができるだろう。また，こうした団体が作成し，提供している有益な情報が図書館にもたらされることにもなる。加えて，地域内で図書館を「見える」存在としていくだろうし，他の組織がヤングアダルトたちに図書館のことを紹介してくれることにもなる。

原注
1. Ana Marie Cox, "Wasted on the Young," FEEDLINE (http://www.feedmag.com/html/home.html), July 10, 1998.
2. U.S. Department of Education, Office of Educational Research and Improvement, National Center for Educational Statistics, *Services and Resources for Children and Young Adults in Public Libraries* (Washington, D.C.: U.S. Government Printing Office, 1995), 56.
3. Laura Zinn with Jonathan Berry et al., "Teens; Here Comes the Biggest Wave Yet," *Business Week*, April 14, 1994, p.79.
4. Ibid., 82.
5. Ibid., 84.
6. C. Allen Nichols, "Merchandising YA Collections" (A handout from Serving the Underserved II, a seminar conducted by the Young Adult Library Services Association of the American Library Association, January 1996, in San Antonio, Texas).
7. American Association of School Librarians and Association for Educational Communications and Technology, *Information Power: Building Partnerships for Learning* (Chicago: American Library Assn., 1998). 邦訳：『インフォメーション・パワー：学習のためのパートナーシップの構築：最新のアメリカ学校図書館基準』同志社大学，2000
8. American Association of School Librarians and Association for Educational Communications and Technology, *Information Literacy Standards for Student Learning* (Chicago : American Library Assn., 1998).
9. Ibid.
10. U.S. Department of Education, Office of Educational Research and Improvement, National Center for Education Statistics, *Services and Resources for Children and*

Young Adults in Public Libraries (Washington, D.C.: U.S.Government Printing Office, 1995), 43.
11. *Information Literacy Standards.*
12. U.S. Department of Education, Office of Educational Research and Improvement, National Center for Education Statistics, *Services and Resources for Children and Young Adults in Public Libraries* (Washington, D.C.: U.S. Government Printing Office, 1995), 43.
13. Ibid., 49.
14. Ibid.

7章

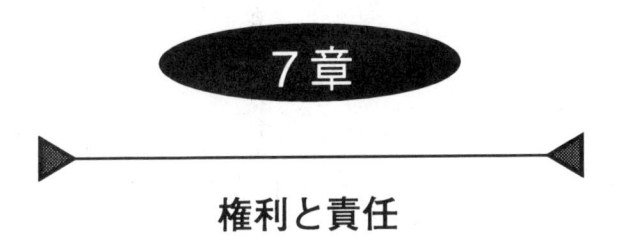

権利と責任

▶▶ 知的自由

　「図書館は，その使命と目的の範囲内で，利用者の年齢あるいは資料の内容にかかわらず，利用者の興味関心やその求めに応じて，あらゆるテーマについての情報を得られるように援助しなくてはならない。」(原注1)

　アメリカ図書館協会の政策は，ヤングアダルトが他の図書館利用者層と同じサービスを受けられるべきであるということについて，きわめて明確である。基本的に次の3点を心に留めておくべきである。

1. どのような資料が適切かどうかを決めるのは，子ども自身あるいはその子どもの親である。
2. 司書は，情報を求める人々に対して，自分自身の個人的あるいは道徳的見方を押しつけてはならない。
3. 親は自分の子ども以外の子どもたちを代弁することはできない。

　ヤングアダルトに関連して公共図書館で起こる知的自由にかかわる問題のほとんどは，以上の3点についての誤解から生じている。これらのことについて人々とわかりやすく話し合えることが重要である。たとえ，求められている情報が司書であるあなたやほかの誰かをうろたえさせるようなものであったとしても，ヤングアダルトはあなたの主要な利用者であることを憶えておこう。ヤ

ングアダルトの要求が公共図書館の提供すべき範囲内であれば，YAには求める権利があり，司書も含め他人に邪魔されてはならない。

　知的自由にかかわる問題にうまく対処する最善の方法は，公共図書館の社会における役割と若者の情報へのアクセスについて，ALAとあなたが働いている図書館の方針をよく知り，その方針を成人利用者とヤングアダルト利用者に説明できるようにしておくことである。

　ヤングアダルトが利用する情報源やサービスについて司書に文句を言う人には，それが誰であっても丁重に注意深く耳を傾けることが大切である。図書館の方針と異なるものの見方をもつ，その人の権利を尊重しているということを身体全体で表現することによって，多様な物の見方を広く受け入れる用意があることを示すことができる。これはあらゆる状況，特にその人が自分の子どものことについて話していたり，明らかに理不尽なことを言っているような場合などには特に重要である。どんなことがあっても，その人が自分の思春期の子どもをうまく育てていないとあなたが思っているという印象をうっかり与えたりしてはいけない。また，人種や性，民族，障害といったことで人をおとしめるようなことに同意してもいけない。そうしたことはその人が自分ではどうしようもないことなのだから。もしあなたが文句を言っている人に同意したり，あるいは何かのことでその人を怒らせたりすると，状況は非常に難しいものになってしまう。

　自分の個人的意見はさておき，司書の役割は，まず図書館の方針を説明することである。こんなふうに言うこともできる。「あなたがお子さんの読んでおられるものに関心をもたれるのはすばらしいことですね。読書のおかげで，10代の若者と議論ができるし，読書の大切さを子どもたちに納得させることもできますから。」議論をするための共通基盤ができたら，こんなふうにつづけて言うことができる。「図書館は人間の営みについての多くの異なる見方を提供する公の場です。必ずしもすべての人々がここにあるものについて納得しているわけではないことはわかっています。しかし，私たちの役割は，幅広く多様な資料を準備して，あなたがそこから選ぶことができるようにしておくことな

のです。選択するのはあなたとあなたのお子さんなのです。図書館のような行政機関の役割は，あなたとお子さんの間に入りこむことではありません。」

　図書館の方針を説明した後で，その人の考えに沿って，何かもっとよい資料を提案してもらってもよいかもしれない。図書館が購入するようにすすめたい，そしてあなたが受けた提案に必ず従えるようなもので，その人の視点からすればもっと代表的な資料のタイトルがあるかどうかたずねてみよう。また，あなたが口頭で説明したことを示す，明文化された方針をその人に見せられるように準備しておこう。もしあなたが働いている図書館に"再考の要望"用の書式や方針があれば，それも利用者に渡せるようにしておくのがよいだろう。もし利用者が上司と話をしたいのなら，すみやかにそうできるようにしよう。多くの場合，権威をもった人があなたの言ったことをくりかえしてくれると，よく聞いてもらえるものである。

　もし，その人が口頭であるいは身体的に侮辱するようなことをしてきたら，すぐにその場を立ち去って上司を呼ぼう。図書館の方針はさまざまだが，利用者サービス担当職員はそういった侮辱を我慢する必要はない。しかしながら，常に冷静でいるように努力しよう。たった一人の頭に血が上った人を相手にしているのか，あるいは組織的な検閲団体による最初のちょっとした攻撃なのかは，なかなかわかりにくいものである。だが，はっきりしていることは，利用者サービス担当デスクが文句を言われる最初の接触点であることはほとんど避けられないということである。ただ単に個人的な価値観が侮辱されたという場合でも，その人が近づいてきた時のあなたの行動によって，聞いてもらえたと感じて立ち去っていくこともあるし，あるいはその人があなたにひどく扱われたと感じて，組織的に攻撃をしようと他の人々をまとめるようなことになってしまうこともある。

　多くの図書館員が，ヤングアダルト・コレクションに人気のある大人向け資料を含めるかどうかの問題に取り組んでいる。図書館のYAコレクションの範囲を決めるにあたっては，図書館の使命とサービス上の責任を考慮する。時事的な問題と資料についてサービスをする責任がある図書館では，10代の若

> 憲法で守られている表現をブロックするフィルター・ソフトを図書館で使用することは，合衆国憲法と連邦法に一致せず，図書館と管理者の法的摘発につながる可能性がある (原注2)。
>
> 図書館と司書は，物議をかもす内容だと聞いているからとか，司書の個人的な信条によって，あるいは対立を恐れて，電子的な情報源経由で入手可能な情報へのアクセスを拒否したり制限したりするべきではない (原注3)。

者から強い要望のある成人向け資料を入れておきたいはずである。もしあなたの図書館が「図書館の権利宣言」[1]を図書館方針の一部にとり入れているなら，ヤングアダルト向けコレクションを選択する際にそれを忘れないようにしよう。資料利用制限や問題のありそうな資料へのラベリングは「図書館の権利宣言」の原則に一致しているとはみなされない。170ページの「付録P　図書館の権利宣言」(Library Bill of Rights) を参照されたい。

　ヤングアダルトもまた，ほかのコレクションやあらゆる形態の資料を利用する際に制限されてはならない。図書に関する知的自由の原則は視聴覚資料や電子資料にも同じように適用されるべきである。アメリカ図書館協会の「読書の自由」(付録Q　The Freedom to Read) に関する見解については172ページを参照していただきたい。

　アメリカ図書館協会は「憲法上保護されている表現へのアクセスを妨げるフィルタリング・ソフトを図書館が使うことは図書館の権利宣言にそむくことになる」(原注4) と断言している。10代の若者たちは特に，インターネットのアクセスを制限されると損失を受けやすい。というのも若者たちはしばしば学校の課題をこなすために，議論が分かれるようなテーマについての情報を必要としており，あるいは個人的な意見をもつ前にテーマについて是非両論を知っておきたいからである。理解するためにもっと成熟していることが求められる情報から幼い子どもたちを「守る」努力が，しばしば10代にも不当に適用さ

1　日本では「図書館の自由に関する宣言　1979年宣言改訂」日本図書館協会が公表されている。

> 図書館がブロック／フィルター・ソフトを使用するのは，自分の子どもたちが読んだり観たりしてほしくないと思うインターネット上の資料にアクセスできないように両親と暗黙の約束をすることになる。図書館はこの暗黙の約束をすることはできない。というのもソフトウェアの技術的限界のせいもあり，法的責任と訴訟に自分たち自身をさらす可能性があるからである（原注5）。[1]
>
> 図書館利用者は信頼とプライバシーの両方の権利を有している。図書館は図書館方針や手続き，実践によって，これらの権利を支持すべきである（原注6）。

れている。

利用者の貸出記録に関する秘密保持のガイドラインは，電子資料や他の図書館情報源の利用についても同じように適用されるべきである。特定の利用者が図書館のコンピュータ情報源上で何を利用したかの記録は，削除するようあらゆる努力がなされるべきである。

未成年者の貸出記録に関する情報を親と共有することや，親に罰金や亡失図書の費用について財政的な責任があるので，未成年者の図書館利用証抹消の許可をしてもらうことについて，図書館の方針ではっきりとふれておくべきである。図書館利用証を申請した時点で，親と子どもの双方がこの方針を認識しておくべきである。この方針は，図書館記録の秘密保持に関して州法と連邦法とに一致し，知的自由について図書館の立場とも一致していなければならない。

もし，あなたがヤングアダルトたちにニュースレター作成にかかわってもらったり，作文コンテストを主催したり，若者向けの出版物のための場を提供しているのなら，あなたがコレクションを選択する場合と同じく，知的自由の原則をこれらの出版物に適用することが重要である。確かに図書館には図書館が援助している出版物の範囲や目的を決め，頒布のガイドラインを決める権利（おそらく義務でさえある）があるが，掲載記事を単にその内容によって検閲してはならない。生徒たちに出版物という最適のコミュニケーション手段を通

---

1 2003年，公共図書館に未成年者用端末にフィルター・ソフトをかけることを条件とした補助金の設定は違憲であるという理由で，ALAが政府を相手取って起こした訴訟は敗訴となった。経緯等についてはALAのホームページを参照されたい。

> ボールダー公共図書館のヤングアダルト助言委員会によって，検閲について認識してもらうために書かれた芝居，「これを読んではいけない」の脚本は『学校図書館と公共図書館での若者の参加：うまくいく』(*Youth Participation in School and Public Libraries: It Works* (YALSA, 1995)) の付録に掲載されている。

じて自分たちの意見を伝えることを教えるのが教師や司書の責任である。子どもたちの意見に影響を与えたり，検閲したりするのが教師や司書の役目ではない。

焚書週間[1]はヤングアダルトたちとともに行うすばらしいイベントである。10代の若者たちの多くは，自分たちのお気に入りの本がクレームをつけられ，偏向しているとか，主義として認められないという理由で，学校図書館や公共図書館から取り除かれることを知ってひきつけられる。焚書週間を行うため展示を作成したり，イベントを行ったりするのに10代の若者たちの手を借りるようにする。若者たちこそ，人生の重要なこの時期に，なぜ幅広い内容の資料を利用することが大切なのかを説明する最良の弁護者なのである。

▶▶ 問題解決

若者たちは，自分を育てた大人の社会と同じようにふるまう。若者たちは隕石のように落ちてきたのではない。私たち大人が育てたのだ。若者たちは私たちの価値観を共有し，私たちと同じように行動する。若者たちの行動を批判することは，実は鏡のない自己批判に困惑しているということなのだ (原注7)。

主としてヤングアダルトのためにつくられた図書館はほとんどないので，普通の若者の行動に，いらいらしたり，驚かされたりして，司書がYAという

---

1 Banned Books Week 毎年アメリカ図書館協会などが全国規模で行うキャンペーン。検閲や焚書にあった図書などを展示して，図書館利用者に読書の自由を考えてもらうためパンフレットやポスターを作成したり，講演会を行ったりする。プログラムのアイディア集や資料リストなどはALAのホームページでみることができる。

のは問題を起こすものだと考えるようになることは多い。混乱をもたらす10代は人をあわてさせるものだが、ヤングアダルトは図書館のトラブルメーカーだという考えは、非現実的な図書館規則や怯えたスタッフやあるいは若者に対する偏見に満ちた姿勢が生み出しているものなのである。

ヤングアダルトをうまく扱うためのいくつかのルールとしては、以下のようなものがある。

1. 普通の若者の行動はどういうものかを理解する。
2. 誰にも公平な、明文化された図書館内における行動指針を図書館がもつ。
3. 図書館規則の背景にある理由について説明する。
4. いつまでも不適当なふるまいをするとどういうことになるのかを説明し、その責任をとらせる。
5. 問題解決をヤングアダルト自身が見つけられるようにする。
6. ある行動が違法や危険な場合には、それを止めさせる法的措置をとる。

若者たちは、成人や幼い子どもたち以上に不適切なふるまいをするわけではないが、若者たちがかなり頻繁に起こす、ある種の問題行動（発達段階によるものだったり、仲間の圧力によるものだったりする）というものがある。以下は、図書館内で問題を起こすYAの行動の例である。これらの行動の多くは、成人や幼い子どもたちによってひき起こされることもあり、利用者の年齢にかかわらず、公平に規則を守ることを要求し、それを破った場合には罰則を適用することが重要である。

騒々しいふるまいや乱暴な行動

普通、健康的な10代はグループで行動する。しゃべっている多人数のグループは、どんなグループでも図書館内では迷惑になる。ヤングアダルトたちは、お互いに夢中になってしまって他人の迷惑になっていると気がつかないことがよくある。また、若者の文化というものは、多くの司書もその中に含まれる

30歳以上の人々の文化より，ずっと騒音に対して鈍感である。たいていの場合，10代に静かにするよう頼むとわかってくれる。しばらくの間は，その騒々しさは落ち着くが，またうるさくなる。というのも，10代の若者たちは話しつづけるし，自分たちの周囲のことを忘れてしまうからである。ほかの人々に対して，ひどい邪魔をしたり，混乱を起こすようなことをしない限り，もう一度静かにするように言えば，たいていそれで十分である。図書館員自身がこうしたふるまいが普通のことだと認識することが大切である。子ども（ガキ）たちは，わざとあなたを困らせようとしているわけではない。

インターネットを"むしゃぶり食う"

10代が電子メールや，チャット，調査のためにインターネットを使っている時には，コンピュータに夢中になって，時間を忘れることがある。あなたの図書館で，コンピュータ使用に時間制限を設定しているのなら，その制限は利用者の年齢，あるいは利用者自身が選んだサイトの内容にかかわらず，公平に適用されるべきである。

破壊行為と盗み

破壊行為や盗みは，10代によってのみ行われるわけではないが，落書きや盗み，図書館資料の破壊はヤングアダルトがやったことだと言われることが多い。ニュースレターや掲示板といったもので，10代に適当な表現の場を提供すれば，図書館内の落書きを少なくすることができるだろう。10代に図書館資料の盗難や破壊の結果を知ってもらうと，事件の発生を防ぐ効果があるということを私は経験で知っている。例えば，盗まれたため雑誌『セブンティーン』の最新号を提供できない旨，雑誌架に貼り出しておけば，10代に自分のふるまいの結果を再考させることになるだろう。

喫煙

多くの図書館では，敷地内を禁煙としている。学校の敷地内で喫煙すれば，

停学あるいは退学になることがわかっている10代は，放課後，図書館で煙草を吸いたいと思うかもしれない。喫煙についての規則は10代の利用者と成人利用者に同じように適用するべきである。

スケートボード

多くの町や市には，スケートボードをする者にとって，安全に練習できる場所がほとんどない。しばしば，図書館の歩道や駐車場がスケートボード練習場として使われる。もし，図書館の敷地内でスケートボードをすることが，ボーダーたちやほかの利用者にとって危険なら，図書館として敷地内でのスケートボードについて制限を設けるのがよいだろう。そのガイドラインは必要以上に厳しいものにしてはいけない。生徒たちが，図書館の敷地内の特定場所でスケートボードをするのが安全ならば，図書館としては全面的にスケートボード禁止とする必要はないだろう。

暴力やドラッグ

図書館敷地内での暴力行為やドラッグ服用，他の非合法な行動については，すみやかに法的措置をとるべきである。いかなる時でも年齢にかかわらず，利用者の脅迫や危険な行動を抑えるために，司書が自分自身の身を危険にさらすべきではない。

若者たちに図書館が決めた規則の理由をしっかり理解してもらおう。自分たちの行動が他の人々の迷惑になっていることを若者たちに説明すれば，あなたが基本的に迫害するつもりではないことがわかってもらえるはずである。また，若者たちが不適切なふるまいをしつづけたら，どのようなことになるのかをしっかり理解してもらい，それがもたらす結果をいつも憶えておいてもらおう。

私は「三振」ルールを使うのが気に入っている。最初は，困り者の利用者に近づいて，自分のやっているふるまいがいかに迷惑かを説明し，止めるよう頼む。再び注意しなければならなくなったら，もし止めないと，もっと思い切っ

> パブリック・アジェンダの主事デボラ・ワズウォースの報告によると，
> 「アメリカの10代の若者は，組織や規律，それに厳しい基準を熱望しています。
> 若者たちは厳しくない教師や強制力のないルールを手ひどく批判しています。
> 多くは，自分たちに課せられた最低限度の要求に侮辱されていると感じている。
> もし，もっと期待されたら，もっと熱心に働くだろうとはっきり述べている。」(原注8)

た対応をしなければならなくなると説明する。図書館方針にもよるが，これはYAたちに別々に別れてもらうか，あるいは図書館から出て行ってもらうことを意味する。「三振」ルールの3番目は最も重要で，2番目に告げたことを強行することになる。これに失敗すれば，10代に対する権威を失うことになってしまい，若者たちはあなたが言ったことや止めるようにしたことにおかまいなく，不適切なふるまいをつづけることになるだろう。

　図書館がつくった館内の行動に関する指針はすべて，あらゆる年齢の利用者に対して公平に適用されるべきである。この「三振」ルールは，YAと同じく成人に対しても使える。大事なのは，YAをステレオタイプ化して，図書館内で誤った行動をするのではないかと考えたりしないことなのである。多くの科学的研究報告が示しているように，人間というものは他の人々からの期待に従って生きていくものなのである。178ページにある「付録R　問題行動対処のための戦略」(Strategies for Dealing with Troublesome Behavior) を参照していただきたい。

原注
1. American Library Association, Intellectual Freedom Committee, "Access to Electronic Information, Services and Networks: An Interpretation of the Library Bill of Rights," adopted by the ALA Council, January 24, 1996.
2. Ibid.
3. Ibid.
4. American Library Association, Intellectual Freedom Committee, "Statement on Library Use of Filtering Software," July 1, 1997.

第 7 章
権利と責任

5. Ibid.
6. American Library Association, Intellectual Freedom Committee, "Access to Electronic Information."
7. Mike A. Males, "Debunking 10 Myths about Teens," *Education Digest*, December 1997, p.48.
8. Diane Ravitch, "What Do Teenagers Want?" *Forbes*, October 20, 1997, p.224.

8章

サービス改善のための継続研修

▶▶職員研修

　若者たち相手の仕事について，あなただけが知るべきことをすべて知っているというのでは十分ではない。図書館職員の誰もが，YA の発達していく要求や行動について認識していなければならない。YA のことをわかってもらうために，職員用掲示板におもしろい記事を貼ったり，職員会議で YA サービスについて話したり，職員向けの図書館ニュースレターに YA の行事や活動をとりあげたりするのがよいだろう。少なくとも年1回は，YA サービスのある側面について，職場内の研修を企画すべきである。研修をするのに，自分は適当でないと思うなら，地域のネットワークや州図書館協会あるいは地域図書館協会を通じて，地元の専門家を探すとよい。YALSA には YA サービスについてのワークショップや，講演を行うための訓練を受けた講師のリストのデータベースがある。講師に連絡をとるためのデータベースは，YALSA のウェブ・サイト www.ala.org/yalsa/professional/trainersmain.html に掲載されている。

▶▶地域との協働

　たとえ地域でたったひとつしかない図書館で働いているとしても，あなたの地域には他の団体主催の参加可能な継続的学習機会がおそらく数多くあるはずである。思春期の発達や行動についてのクラスや講演会に注意を払っておこう。

病院あるいは精神衛生関連の団体が主催し，10代の子どもをもつ親を対象としたものがよく行われる。地元のYMCAやYWCA，それに学校が同じようなプログラムを開催することもある。もし，地元でこうした催しがあまり多くないようなら，自分で実施することも考えよう。保護者や教師，ほかの若者関連団体の指導者たちは，YAの読書興味や情報要求について，あなたが話し相手として最適の立場にいることを知ってくれるだろう。図書館によっては，親子読書会を，生活に影響のある出来事について，世代の違う家族同士が真摯に話し合えるフォーラムとしているところもある。

▶▶州や地域とのかかわり合い

多くの州図書館協会や地域図書館協会には，児童サービスとヤングアダルト・サービスを扱う部会がある。これらの図書館協会ではたいてい，ヤングアダルト・サービスに関連するさまざまな内容をテーマとするワークショップや講演会のある会議を主催している。これらの組織では，この分野の全国レベルあるいは地域レベルの専門家やヤングアダルト小説の著者に頼んで，その仕事について話をしてもらえることが多い。いったんこうした関係ができあがれば，地元のほかの図書館で成功しているところでは，どのようなサービスをヤングアダルトにしているのかを見学したり，あなた自身の考えや経験を共有するため図書館訪問を企画したりしたくなるだろう。

州立図書館によっては，例えばロード・アイランド州の図書館情報局のように，YA図書館員やコンサルタント，ライブラリー・スクールの学生たちに集まってもらって，YA向け資料やプログラム，サービスについての考えや情報を交換する月例会合を主催しているところもある。もし，あなたの地元でそうした集まりをもつのが難しいのなら，ニュースレターやメーリングリストを始めたり，あるいは情報交換を通じて，州あるいは地域で開催される年1回の図書館大会で，討論会をもったりすることを考えてもよいだろう。ライブラリー・スクールや地元の大学でも，ヤングアダルト文学やヤングアダルト・サービス

についての継続教育やワークショップを行っている場合もある。

▶▶全国レベルでのかかわり合い

　アメリカ図書館協会のヤングアダルト図書館サービス部会は，ヤングアダルト向けの資料やサービス，プログラムについての情報を得るための最適な組織である。この部会の目標は，全図書館サービスの一環として，12歳から18歳といったヤングアダルトへのサービスを擁護し，広め，強化することにある。

　アメリカ図書館協会の公共図書館部会は，公共図書館の司書を増やし，そのサービスを発展させ，効果をさらに高めようとしている。この使命を達成するために，公共図書館部会はその会員の要求に応えるように努め，公共図書館に影響の大きい問題を提起し，専門職を守り育て，すべての人々の利益になる公共図書館サービスの質を高めようとしている。

　全国レベルの集会に参加することによって，この国で最も刺激的な図書館活動を行っている人々に容易に会うことができる。10代の若者たちを観察したり，接したりすること以上に，専門家の仲間は，この分野の最も優れた情報源である。全国大会に参加することにより，新鮮な見方が得られるし，また熱意をなくし新しいアイディアも浮かばなくなった時に元気を与えてくれる。また，あなたの好きなヤングアダルト小説の著者に出会ったり，好きな出版社から次の新刊についての予告を得たりする機会も得られるかもしれない。

YALSAの描く未来像
　この国のすべての図書館で，YAに対する質の高い図書館サービスが，10代の若者たちの独特な情報要求や教育的，余暇の要求を理解し，尊重する図書館員によって提供されている。情報やサービス，資料への公平なアクセスは権利であり，特権ではないことが認められている。図書館員はほかの若者にサービスする団体と協力して，総合的な地域の活動ネットワークを提供し，若者の健全な発達を援助する。

▶▶ 代弁者

図書館で若者を代弁するということは,すべての図書館で,情報や資料,サービスに公平に若者がアクセスできる権利を支持し,守ることである (原注1)。

多くの10代は,フルタイムで働いて経済に貢献しているわけではなく(ただしパートタイムで働く若者は多いが),投票できる年齢には達していないので,10代の権利や関心,要求は,図書館や社会では見過ごされたり,無視され

> 表8.1
> **若者の代弁者の定義**
>
> 若者がもっている知的権利とは何か? この質問に答える大人は,2つの立場のどちらかに立つことになる。つまり,若者の擁護者としてか,あるいは若者の代弁者としてか,である。
>
> 擁護者の立場に立つ場合は,大人は若者にとって最善のことを知っており,何が有害か,どんな情報を必要としているか,どうすればその要求に応えられるのかを知っているということを前提とする。こういう大人たちは,若者たちを自分自身や他人,そして思想から守る。その姿勢は限定的,制限的であり,若い図書館利用者が最適あるいは適切なものにアクセスするのをはばむ。その結果,図書館員は,保護者や社会に喜ばれないことは除いてしまおうという考えに立って,図書館資料を構築することになる。擁護者は,若者が利用できる資料の制限を求め,若者と情報の間に壁をつくり,それによって若者たちに対して権力を維持することができる。
>
> 代弁者の立場に立つ場合は,開かれた姿勢を前提とする。この見方では,大人は若者を自分の情報要求を決める力がある存在とみなし,自分にとって何が一番よいかについて決定する能力があるとみなす。大人たちは若者に,情報を見極め,探索し,利用する権限を与える責任があると考え,若者が利用できる資料の拡大を求め,アクセスを広め,思想を開拓していくことをすすめる。こうした代弁者たちは,若者と情報との間の壁をとりのぞいていくのである。
>
> 情報源:Frances McDonald, "Information Access for Youth: Issues and Concerns," *Library Trends* (summer 1988). 50.

たりしがちである。見かけによる10代への偏見や，10代の文化への無理解によって，多くのヤングアダルトが不利な状況に置かれている。だから，10代を相手にしている大人が，若者たちの代弁者となる責任がある。10代に図書館のニュースレターに自由な発言をする機会を保障したり，図書館の広範囲な資料にアクセスする権利を守ってあげたりしなければいけない。たいていの組織は，力のある地位に10代がいるわけではないので，自分たちの正当な理由を論議し，守り，あるいは自分たちの声に耳を傾けてもらうためには大人に頼らなければならない。心の中では「子ども」のことに最も関心を払っていると信じ込んでいる大人に対抗するには，時としてかなりの勇気を必要とする。しかし，結局のところ，すべての10代が親の指図を受けて，自分にとって適切なことを決めざるをえないし，この選択の際の自由こそが，大人の世界でうまくやっていくのに必要なコツを10代に提供することになる。

　メアリ・K. チェルトンとドロシー・ブロデリックは，ヤングアダルト図書館員として，若者の代弁者という概念を広めるために，1978年に自分たちの

10代図書館理事会の証言

　僕にとって，図書館はいつも避難所で平和のシンボルだった。僕はしょっちゅう（図書館へ）行くように育った（僕の母は以前司書だった）。高校では，たいてい窓側のうしろにある隅へ行って，ひとり自分だけの世界に浸っていた。大学では図書館だけが静寂の場所だった。（10代図書館）理事会とボランティアをすることによって，僕はかなり図書館の手助けをするのに活動的な役割を果たせたと思う。本というのは魂にとって鏡のようなものだ。いい本というのは人間性のごく細かいところまで見せてくれる。時には，僕たちをあまりに真近く見せるので，グロテスクに思えることさえある。それでも，本は僕たちの喜びの感情を反映しているし，驚くことにそれを導き出してくれさえする。実際，いい本は，グロテスクな細部があふれんばかりのカタルシスを感じさせる喜びにつながる旅へと連れて行ってくれる。すべての芸術にこの旅は表れるけれども，本は自分の時間と人生の断片とを，誰かほかの人間の世界へ投げ入れるという点でユニークなものだ。それはとても刺激的なので，ついそこにはまってしまうのだ (原注4)。

書評誌を『若者の代弁者の声』(*Voice of Youth Advocate* (VOYA))と名づけた。ブロデリックは次のように述べている。「若者の代弁者とは，若者が自分の人生について決められるような条件をつくりだすことが重要なのだと信じている人のことです。」(原注2) だからこそ，若者の代弁者は YA 向け図書館サービスをすすめていくために，参加している若者とともに手に手をとってすすんでいく。現在の VOYA の編集者であるキャシー・ダン・マックラエの言葉によると，「若者の代弁者は，若者を参加させる」(原注3)。若者の代弁者とは，その真の意味においては，未成年者のために話す大人のことではなくて，10代の若者が自分自身のために話をし，耳を傾けてもらえるような，道筋をつくる大人のことなのである（表8.1参照）。

原注
1. YALSA, "Definitions of Youth Advocacy" (from Serving the Underserved II, a seminar conducted by the Young Adult Library Services Association of the American Library Association, January 1996, in San Antonio, Texas), 2-6.
2. Dorothy Broderick, *Top of the News* 35 (spring 1979): 223.
3. Cathi Dunn MacRae, e-mail correspondence, October 26, 1998.
4. Cristi Booth, Teen Library Council Member (vice president 1996-97), Carmel Clay (Ind.) Public Library.

まとめ

　若者たちは，人口統計によれば，前の時代に比べ大人たちと接触する時間がはるかに少ない。そして……図書館で，若者たちと接するのに費やされるわずかな時間は貴重なものであり，無駄にすべきではない。この年齢層に関する社会的指標をみれば，私たちは問題解決の一部となるべきであって，問題の一部になってはならないことは明らかである（原注1）。

　ディルバート（*Dilbert*）をつくりだしたマンガ家，スコット・アダムズがちょうど仕事をし始めた頃，マンガについての公共放送テレビ番組の終わりに出るクレジットをみて，その番組のキャスターのジャック・キャサディに連絡をとり，どうやってマンガの分野で仕事を始めたらよいのかをたずねた。キャサディは，彼に *Artist Market*[1] にリストアップされているいくつかの雑誌に作品を送るようにと手紙を書き，拒否されてもあきらめないようにともつけ加えた。アダムズは高額の支払いをしてくれる2つの雑誌（プレイボーイ誌とニューヨーカー誌）を選んで，作品のサンプルを送ったが，両誌とも彼の作品を拒否した。彼はキャサディの助言を無視して，自分はマンガ家になるのはやめようと決めてしまったのだった。

　1年以上たってから，彼はキャサディから再び手紙を受け取った。まったく求められてもいなかったのに，アダムズがどこかの雑誌に作品を送ったかどうかたずね，もう一度あきらめないようにと念押ししていた。この2番目の手紙にアダムズは勇気づけられて，大きなマンガのシンジケートに作品を送り，それによって，ディルバートがこの世に誕生したのだった。もし，あるひとりの

　1　芸術家が作品を売り込む先であるギャラリーや出版者，エージェンシーなどが掲載された年鑑。

人が，もう1マイル余分に進もうとしなかったら，今日の世界は少しばかりおもしろくないものになっていただろう。

この出来事に含まれる真実は，私たちの行動が人々にどのような影響をもたらすのかは，決して知ることができないということなのである。公共図書館にやってくるヤングアダルトたちは，人生の難しい移行期を経験している最中であることが多い。若者たちは疑いと不信をもって扱われることに慣れてしまっている。効果的なヤングアダルト・サービスについては，理事会や館長から図書館員や若者たち自身にいたるまで，それぞれが高い関心をもっている。司書やほかの大人たちのちょっとした親切が，10代の若者たちがこの世界で自分たちの歩む道を見つけるのに大いに役に立つ。あなたがもう1マイル進もうと決めた時，何が起こるのかは決して知ることはできない。

原注
1. Mary K. Chelton, associate professor, Graduate School of Library and Information Studies, Queen College, Flushing, New York.

付録 A

ルイズヴィル公共図書館　10代助言委員会内規

第1条：名称

この組織は，「ルイズヴィル公共図書館10代助言委員会」と称し，「TAB」と略称する。

第2条：使命

TABは，ルイズヴィル公共図書館がヤングアダルト向けサービスをすすめていくため，以下のことを行う。

　　ヤングアダルト向け行事を計画し，実施する。

　　ヤングアダルトが図書館を利用しやすいよう，安全で魅力的なスペースをつくる。

　　ヤングアダルト向け資料コレクションのアイディアを生み出す。

　　ヤングアダルトの読書を促進し励ます。

　　ヤングアダルトの権利を代弁する。

第3条：会員

第1項

　TABは成人のボランティアあるいは図書館職員と対等であるが，会議や活動，特別プロジェクトはすべてその監督を受ける。

第2項

　TABは，最大25名の委員で組織される。委員は次の基準に基づいて選出される。

　　TABに空席がある場合

　　学区学校の割り当てがある場合

　　TAB参加資格があると認められる場合

第3項

　　TAB委員には，6年生から12年生までのヤングアダルトがなることができる。委員は欠格事項のない（図書館方針に示されている過度の罰金がない）有効なルイズヴィル公共図書館カード（あるいは他の適当な図書館で発行されたカード）をもっていなければならない。罰金を科せられているTABの委員は，それをなくすよう努めなければならない。

第4項

　　TAB委員は，委員会に参加するに際しては保護者の承認を得なければならない。委員は特別なTAB活動（フィールド・トリップなど特別なプロジェクト）に参加する際には，特別参加許可証をあらかじめ提出しなければならない。

第5項

　　委員の任期は，委員になった直後に開かれるTAB会議から始まり，高校を卒業するまで，あるいは19歳に達するか，どちらかになるまで継続する。

第6項

　　委員は，2回理由なく欠席すると「無活動」となる。活動している委員は，理由なく欠席しても6か月後許される。無活動の委員には会議についての連絡も会議議事録も提供されない。無活動の委員は，投票したり，TAB活動に参加したりする資格を失う。委員が正式のTAB会議に欠席し，TABのコーディネータにその旨伝える努力を怠った際には，欠席は理由なきものとみなされる。欠席が理由なきものかどうかはTABのコーディネータが決定する。

第7項

　　委員に空席がある場合には，TABのコーディネータと委員は積極的に新委員を募集する。

第4条：事務局

第1項

　　役員は，委員長と副委員長，書記，会計であり，TABの委員の中から選挙で選ばれる。役員は，TABが主催するすべての会議やプログラム，特別行

事に参加するようにしなければならない。

第2項
　TAB委員長は，TABのコーディネータと密接に協力して，TAB会議を運営する。委員長は，会議の協議事項作成のためTABコーディネータを援助し，TAB会議の議長を務める。委員長は，会議の議事につけ加えたいテーマのある他のTAB委員に対応する。

第3項
　副委員長は，委員長が欠席した際に代理を務める。副委員長は，委員のコーディネータとして働き，活動している委員と無活動の委員の動向や，新規申込を把握する。副委員長は，これから開かれる会議やプログラム，特別行事についてすべての委員に知らせ，思い起こさせるようにする。

第4項
　書記は，TAB会議の議事録を作成し，遅滞なく各委員にコピーを配布する。書記は，副委員長に欠席委員について報告する。書記は，定例会で前回の会議の議事録を読み上げる。書記は，TABの箱の中に保存してある議事録のマスターファイルを管理する。書記は，委員長と副委員長が欠席の場合，その代理を務める。

第5項
　会計は，TABのすべての収入と支出を記録する。会計は，TABの箱の中にあるすべての備品を記録する。会計は，プロジェクトに費やした時間や使用された備品，そのほかの支出を明らかにして，TAB会議や，ヤングアダルト向けプログラム，特別行事の経費を記録する。会計は，他の役員が欠席の場合，委員長の代理を務め，書記が不在の場合，その代理を務める。

第6項
　役員の任期は，学校のカレンダーに従って，9月から翌年の8月までの1年間とする。

第7項
　毎年8月，新たに選挙を行う。役員は連続して2年同じ地位にはつけないが，

異なる役職に立候補したり，選ばれたりすることはできる。委員は，1年間あいたあと，以前についていた役職に立候補したり，選ばれたりしてもよい。例外として，最初の期間（1998-1999）に選ばれた役員は，まだ1年に満たないため，本人が望めば同じ役職に立候補することができる。

第8項

選挙が有効に成立するためには，少なくとも3分の2の委員が投票をしなければならない。

第5条：会合

第1項

定例会は，1か月に1回であり，直前の会議で日程と時間が決定される。

第2項

特別会は，必要に応じて，TAB コーディネータが招集する。

第3項

会議の議事録は，会議終了後1週間以内にすべての活動している委員に郵送される。委員には，議事録を保存するためフォルダが提供され，各会議には議事録のコピーを持参しなければならない。議事録の正本は，委員がコピーをなくした場合に備えて，TAB の箱の中のフォルダに保存しておく。

第4項

議事の進行は，ロバート議事進行規則[1]にのっとって行われるべきである。

第5条：委員会

コーディネータによって任命された TAB 委員は以下の委員会を組織する。各委員会は，TAB 委員のボランティアによって構成される。

 a．ヤングアダルト・エリア維持・整理委員会——ヤングアダルト向け書架と新刊書展示の構成や維持を担当するほか，定められた仕事を行う。

 b．ニュースレター委員会——図書館と地域内の学校に配布するため，ヤン

---

[1] 改訂版が邦訳されている。ヘンリー・M. ロバート著,安藤仁介訳『ロバート議事規則』京都：ロバート議事規則研究所，1986．また，ドリス・P. ジューマン著『民主主義の文法：市民社会組織のためのロバート議事規則入門』（奈良：萌書房，2002）が簡易版としてわかりやすい。アメリカ図書館協会や国際図書館連盟（IFLA）会議で議事進行規則として採用されている。

グアダルト・ニュースレターを年4回作成し，配布する。

c．ルイズヴィル・ヘラルド委員会——地元の新聞社と連絡をとって，定期的な記事の提供とニュース発表を行い，ヤングアダルト向け資料コレクションやTAB活動，ヤングアダルト向けプログラムを促進する。

第7条：倫理綱領

第1項

TAB委員は，すべてのTAB活動の中心となって，その使命を果たす。

第2項

すべてのTABの会議や活動，図書館行事において，TAB委員はルイズヴィル公共図書館に発展的な影響を与えるように活動する。

第3項

TAB委員は，ほかのTAB委員や図書館職員，図書館利用者に敬意を表する。委員は，人には敬意を示し，誰かほかの人が話をしている時には，注意深く耳をかたむけ，わからない時には質問をし，ほかの人の考えに対して否定的なコメントを加えることは控える。

第4項

TAB委員は，図書館資料と設備を尊重して，会議が終わったら使用した場所をきちんときれいに片付ける。

第5項

TAB委員は，会議や仕事の担当であるプロジェクトをしている間，時間を有効に使うように努力する。

第6項

TAB委員は，他のTAB委員のプライバシーを尊重する。

第8条：TABからの除名

きわめて稀な場合であるが，TAB委員がTABの使命をまったく果たそうとしない場合には，TABコーディネータは責任をもって，当該委員を委員から除名しなければならない。TABコーディネータは，除名という事態にいたらぬよう，状況を解決するためにあらゆる努力をする。

情報源:オハイオ州オールヴィル公共図書館,ヤングアダルト図書館員,モーリーン・T. ラーチ

Source: Maureen T. Lerch, Young Adult Librarian, Orrville (Ohio) Public Library

付録 B

ヤングアダルトに最良のサービスを：YALSAによる
ヤングアダルトにサービスする図書館員の専門能力[1]

分野1－リーダーシップと専門性

図書館員[2]は以下のことができる。すなわち，
1. すぐれたヤングアダルト向けプログラムを説明する際に，リーダーシップをとる能力を身につけ，発揮する。
2. ヤングアダルト向けの網羅的なプログラムを展開していく際に，企画力と評価能力とを示す。
3. 専門職としての責任を果たし，示していく。
   a．アメリカ図書館協会の「倫理綱領」[3]に忠実であること。
   b．ヤングアダルトに対して決めつける態度を示さないこと。
   c．ヤングアダルトと信頼感をもってつきあえること。
4. 専門職団体や継続教育に積極的に参加して，個人として，また専門職として成長し，キャリア・ディベロップメントを行うために計画を立てる。
5. ヤングアダルトが物理的そして知的に情報にアクセスできる権利を有していることを，強く支持していることを広く示す。これはアメリカ図書館協会

---

[1] 児童図書館員の専門能力についてのガイドラインもある。参考文献：アメリカ図書館協会・児童サービス部会「公共図書館・児童サービス担当図書館員の専門能力について＜改訂版＞」竹内悊訳『現代の図書館』Vol.40 No.2 (2002) p.112-118
[2] 原文ではライブラリアンとしているが，ヤングアダルト担当司書と考えればよい。アメリカの基準でいけば，最低限アメリカ図書館協会認定の大学院で図書館情報学修士号を取得している専門職をライブラリアンとしている。ここではスペシャリスト，つまりヤングアダルト向けサービス内容の専門コースを受講した司書とかジェネラリストとかの違いを表していない。日本でいえば，最低限，司書の資格を取得している程度と考えてよいだろう。
[3] アメリカ図書館協会では「図書館の権利宣言」(Library Bill of Rights) とともに，この「倫理綱領」(Librarians' Code of Ethics) を専門職としてのよりどころとしている。日本語訳は「職業倫理に関する声明」(Statement on Professional Ethics) とともに『図書館法規基準総覧 第2版』（日本図書館協会，2002) p.1710に掲載されている。日本でも「図書館員の倫理綱領」が1980年に支持決議されている。同じく『図書館法規基準総覧』p.21-24に掲載されている。

の「図書館の権利宣言」[1]にも示されていることである。
6. 文化的民族的価値の多様性[2]を理解し，尊重していることを示す。
7. ヤングアダルトたちが，図書館は何を提供しなければならないのか，またどうやって図書館を利用すべきなのかを知るのを助けて，生涯にわたる図書館利用者になってもらうようにする。

分野2－利用対象者グループに関する知識
図書館員は以下のことができる。すなわち，
1. ヤングアダルト向けのコレクション構築やサービス，プログラムを企画する際に，青年期心理や成長と発達，社会学，ポップ文化について事実に基づいた説得力のある情報を活用する。
2. ヤングアダルト向けのコレクション構築やプログラムの企画に際して，読書の発達段階や読書に関する問題点についての知識を活用する。
3. ヤングアダルトのさまざまなグループの独特な要求を認識して，プログラムを企画・遂行し，ヤングアダルトの要求にあったコレクションを構築していく。

分野3－コミュニケーション
図書館員は以下のことができる。すなわち

---

1 アメリカ図書館協会の「図書館の権利宣言」は『図書館法規基準総覧　第2版』p.1709に日本語訳が掲載されているほか，『図書館の原則改訂版：図書館における知的自由マニュアル（第6版）』（日本図書館協会，2003）で詳しい解説の日本語訳が出されている。ヤングアダルト・サービス関連では，特に「図書館資料への未成年のフリー・アクセス」と，その解説文が重要である。検閲対象とされる図書館資料は，ヤングアダルト向けや児童向け資料が非常に多く，図書館員自身による自己検閲の事例も多い。日本でもヤングアダルト向け図書館資料が青少年保護育成条例などで，有害図書指定される傾向が近年強い。アメリカでの図書館協会が中心となる未成年図書館利用者への対応は参考になる。
2 近年，アメリカ図書館界で，児童向けとヤングアダルト向け図書館サービスで重要とされている面である。伝統的な図書館資料構築やプログラムだけではなく，性別や人種・民族などの面で，個々の存在意義の自己認識を行い，自己選択可能な能力を育成するために，図書館資料やプログラムも選択の幅を拡大・深化・多様化をはかる傾向にある。児童向けサービス担当者やヤングアダルト向け担当者には，アフリカ系やアジア系は少なく，中流階級出身の白人女性が多いという背景があり，担当者が伝統的児童サービスにとらわれやすい傾向があることへの危惧ととってもよいだろう。

1. ヤングアダルトや管理職たち[1]，ヤングアダルトとかかわるほかの専門家たち[2]，そして図書館外のコミュニティ全域の人々と，効果的な人間的つながりをもつ。そのために，
   a．グループ・ダイナミックスやグループ・プロセスの原則[3]を活用する。
   b．それぞれのグループと文書および口頭でコミュニケーションを常時とれる方法を確立する。
2. ヤングアダルトに積極的な行動をうながす効果的なコミュニケーションの原理を活用する。

分野4－経営管理
A．計画
図書館員は以下のことができる。すなわち
1. ヤングアダルト向けの図書館サービスのための戦略的な計画を展開する。
   a．ヤングアダルトの確かな要求に基づいたプログラムを作るため，目的と目標，そして評価方法を系統的に示す。
   b．コミュニティの分析とニーズの評価を企画し管理する。
   c．ヤングアダルト向けプログラムを展開し改良するため，研究成果を活用する。
   d．プログラム改良のために，地域活動の調査研究を企画，運営，評価する。
2. 進行中の広報活動を企画し，遂行し，評価する。そしてヤングアダルトに対するプログラムや管理職に対するもの，図書館理事，図書館職員，ヤングアダルトにかかわるほかの機関，そして図書館外のコミュニティ全体に対するプログラムについて報告する。
3. ほかの情報関連機関を調査し，協力して，ヤングアダルトがより多くの情

---
1 管理職は図書館館長や，学校校長，教育委員会委員長などを含むと思われる。
2 ソーシャル・ワーカーやスクール・ソーシャル・ワーカー，精神療法士，少年院や警察の未成年保護観察官，学校外のクラブやサークルの運営者，ボランティア団体の運営者などが考えられる。
3 グループ・ダイナミックスは心理学でいう精神力学であり，グループ・プロセスも心理学上の用語である。ヤングアダルトたちに対してだけではなく，交渉対象グループを見極めて対応していくのに，心理学的な応用としてのコミュニケーションが必要であるということだろう。

報にアクセスできるよう，ネットワーク上の条件整備をすすめる。
4. ヤングアダルト向けプログラムの予算を増やし，意義づけ，管理し，評価する。
5. ヤングアダルト向けプログラムの目標を達成するために，備品を整備拡充する。

B．管理
図書館員は以下のことができる。すなわち，
1. ヤングアダルトを相手にして働くほかの職員を監督し評価する。
2. 専門性を高めるため，進行中のプログラムを企画し，遂行し，評価する。
3. 資料の受入れや分類・目録，貸出・返却，コレクション維持，設備管理，そしてヤングアダルト向けプログラムのスケジュール管理を含む，すべての技術的な仕事を効果的にこなしていくための方針と手続きを整備する。
4. 図書館外部からの資金援助やそのほかの援助方法を検討し，ヤングアダルト向けプログラムのため適切なものを活用する。
5. ヤングアダルトに関連ある法律や判決などをチェックする。とりわけ若者の権利に影響を与えるものには注意をはらい，その情報を広める。

分野5－資料に関する知識
図書館員は以下のことができる。すなわち，
1. 組織全体の政策にもとづいて，ヤングアダルト向け資料のコレクション構築方針と選択方針を作成する。
2. 幅広い情報源を活用し，あらゆる適切な資料形態からなるヤングアダルト向け資料コレクションを構築する。
3. ヤングアダルト向け文学に関する知識と評価を示す。
4. ヤングアダルトが現在，好んで読んでいるものや観ているもの，聞いているものを知り，コレクション構築とプログラムに組み込んでいく。
5. 資料コレクションを拡充するために多様な形態の資料を集め，地域の特色

をもたせる。
6. 新しいテクノロジー（例えば，コンピュータとソフトウェアや電子情報，ビデオ，インターネットとWWW）をヤングアダルト向け資料やプログラムの中にとり込んでいく。
7. テクノロジーの発展動向に注意し，電子情報源に関する最低限の専門知識をもつ。

分野6 －情報へのアクセス

図書館員は以下のことができる。すなわち，
1. ヤングアダルトが情報にたやすく公平にアクセスできるように，資料コレクションを組織する。
2. 標準的な分類・目録作業を行うとともに，情報への電子的アクセスの最新手段もとり入れる。
3. ヤングアダルトが資料コレクションに魅力を感じ，利用したくなるような図書館環境をつくる。
4. すぐには利用できない情報へのアクセスを保障する特別なツール（例えば，コミュニティの情報源や特別コレクション，適切で有益なサイトへのリンクなど）を充実する。
5. 気軽に資料コレクションにアクセスして利用したくなるような，案内資料をつくり配布する。

分野7 －サービス

図書館員は以下のことができる。すなわち，
1. さまざまな技術（例えば，ブックトークや討論会）を活用して，資料の利用をすすめる。
2. さまざまな情報サービス（例えば，キャリア情報や宿題援助，ウェブ・サイト）を提供し，ヤングアダルトの多様な要求に応える。
3. 基本的な情報収集と研究調査技能をヤングアダルトに教える。それととも

に電子情報源を利用し評価するのに必要な技術，また現在と将来における情報リテラシーを身につけるための技術を教える。
4．個人的な成長と楽しみにかかわるあらゆる種類の資料の利用をヤングアダルトにすすめる。
5．ヤングアダルトの要求と興味関心に応える，特別なプログラムと活動（図書館とコミュニティの両方で）を企画し，実現し，評価する。
6．ヤングアダルトが自分たちの年齢層のためのサービスとプログラムを計画し，実行するように参加してもらう。

ヤングアダルト図書館サービス部会理事会で承認された。1981年6月，1998年1月改訂[1]

---

1 原文は　www.ala.org/yalsainfo/competencies.html で入手可。

付録 C

ヤングアダルト向け図書館サービス計画；
ヒンズデール（イリノイ州）公共図書館

　1994年4月11日付けビジネス・ウィーク誌の特集記事「帰ってきた10代」によれば，これからの10年間に10代の人口は全人口数割合でいままでの2倍近くになり，われわれの文化や経済は一変するだろうとしている。以下のいくつかの事実に注意を払わなければならない。

　全人口比では4人に1人がマイノリティであるが，10代では3人に1人がマイノリティである。
　子どものいる4世帯のうち1世帯は，片親である。
　10代は「電子レンジ識字者」(microwave literate)で，大人たちの仕事をどんどん引き受けさせられている。例えば，1987年に自分で食事をつくっている10代は13％であったのが，1994年には36％になっている。
　1995年には10代は890億ドル消費し，購買に関しては2千億ドル以上の影響を与えただろうと推定されている。

　この記事では続いて，広告業者がいかに10代にターゲットを絞り，マーケットとの連携を行っているかについて述べている。「マーケット担当者たちは，10代のうちにお客をひきつけておけば，それから先何年も消費者としてつかむことができるということを知っている。」図書館はこれらの広告業者たちから学ぶことが多いはずである。あらゆる点において，これらの10代の人たちこそが，図書館の発展方向を決めていくことになる。私たちは10代の要求と必要に応えるサービスを提供していく必要がある。10代は大きな子どもではないし，小さな大人でもないが，やはり無視できないユニークな世代であると

いえるだろう。

　国立教育統計センター（National Center for Education Statistics）による1995年の研究によれば，公共図書館の利用者の23％はヤングアダルトが占めている(原注)。つまり，公共図書館の入口を入ってくる人々の4人に1人は12歳から18歳（YA年齢の一般的ガイドライン）である。最近の統計によれば，この年齢の子どもはおおよそ地域人口の14％を占めている。これらの統計を見れば，図書館はいま，いかにヤングアダルトにサービスするのかを決定すべき重大な地点に立たされているかがわかる。10代は学校の課題や読書相談，個人的な関心，娯楽的な読書，視聴覚資料利用，テクノロジーへのアクセス，社会的な集まりの場所として，また時には外界の圧力から逃れられる天国として図書館を利用する。親たちは図書館に，幼い子どもたちに対するのと同様に，10代の子どもたちに対しても良質のサービスを提供することを求め，期待している。望む望まないにかかわらず，放課後に図書館を歩き回ってみれば，10代の子どもたちがそこにいることに気づかされる。いま私たちが10代に対してできることは何なのだろうか？

　以下に書かれているのは，図書館におけるヤングアダルトへのサービス計画のアウトラインである。すべての図書館サービス同様，職員や時間，図書館資料源，予算がこの計画の実施方法と日程に直接影響を及ぼす。図書館理事会や管理者，職員がこの計画を評価して，必要に応じて変更し，優先順序を決め，実施のための日程を調整してくれることを期待するものである。

Ⅰ．ヤングアダルト助言委員会

　ヤングアダルト助言委員会の育成は，この年齢層への責任ある効果的な図書館情報サービス提供を進めるための最初のステップとなる。定期的にYAグループと会合をもつことによって，10代が図書館についてどのように感じているかがわかるし，実際にどのような図書館サービスを求め，必要としているかを知ることができ，また変化してやまない流行や関心に追いついていくことができる。委員会に参加することによって，YAたちは地域社会に積極的な貢

献をし，リーダーシップを学び，図書館における自分たちの権利を発展させることができるということがわかってくる。

　助言委員会は，放課後図書館を利用したり，過去の行事に参加したりしたことのある「常連さん」たちから募集してつくる。加えて，図書館サービスについて調査をしたり，案内を配布したり，学校を訪問したりして，図書館の常連ではない生徒たちをこの助言委員会に参加するようにすすめる。いったん核となるグループができたら，委員たちは会合の頻度を決定し，どのような組織にするか（公式か非公式か），そして最初の目標は何なのかを決めるのを助けてくれるだろう。このプロジェクトには以下のようなものが含まれる。

・友人たちやほかの10代を調査して，図書館へのニーズと関心を見つける。
・物を動かしたり，アレンジしたり，飾りつけたりして新しいYAコーナーをつくりだす援助をする。
・提案し，行事計画の策定を援助する。
・図書そのほかの図書館資料の選定を援助する。
・書評や，作家インタビュー，創作，行事情報，そのほかおもしろそうな記事を載せた10代向け図書館ニュースレターをつくる。
・図書館の展示や掲示板をつくる。
・さまざまなテーマのおすすめ本リストをまとめる。
・特別な行事のコーディネートを援助する。
・図書館理事会とYA助言委員会との連絡調整をする。
・基金と地域社会に関する意識を高める。

Ⅱ．環境

　ヤングアダルトの要求や関心にマッチした，魅力的で開かれた環境もまた，YAサービス成功の鍵となる。このスペースでは10代の関心をひくような資料を収集するだけではなく，その資料の利用をうながすようにすべきである。
　成功したマーケット担当者はロケーションが販売促進の鍵であることを知っ

ている。YAエリアを子ども室の近くに配置すれば，ヤングアダルトの関心や信頼を失ってしまうだろう。これは，ヤングアダルトたちは自分たちを若い大人だと見ているのに，図書館はヤングアダルトたちを子どもだとみなしているという微かなメッセージを伝えていることになる。すでにYAが利用している雑誌やレファレンス，ノンフィクションといった成人エリアの近くに設定すれば違うメッセージを送ることになる。

　YA独特の環境をつくりあげる上で鍵となるそのほかの要素や設備には，以下のようなものがある。

・その部門を明確に示すサイン，できればネオン・サイン
・飾りつけ：ALAグラフィックスが作成しているポスター[1]や映画，流行雑誌のポスター
・一人一人が読書しやすいような安楽椅子
・勉強のためのテーブル
・ペーパーバックや展示用の本，テープ・ブック[2]，ビデオ用の可動式書架
・ハードカバー用の標準的な書架
・CDやソフトウェアのための書架
・雑誌用傾斜書架
・地域の出来事やおもしろそうな記事，質問と回答，などを貼り出す掲示板あるいはほかの展示スペース
・生徒たちの作品や文章を展示するスペース
・スタッフのためのデスク
・OPAC端末とLAN端末へのアクセス
・行事やおすすめ読書などへの提案箱

---

1 アメリカ図書館協会ではポスターをはじめ，多様な図書館宣伝グッズを作成，販売している。
2 市販の小説などの朗読テープ。アメリカの公共図書館では人気が高く，頻繁に貸し出されている。

Ⅲ. コレクション

　限られた予算と職員で仕事をしているので，ヤングアダルト部門だけで，ヤングアダルトのすべての娯楽要求，情報要求，教育要求に応えるわけにはいかない。資料構築の第一段階では，まず人気のある資料センターをつくることを目指し，宿題援助やその他の教育的資料は子ども向けコレクションと成人向けコレクションに配置すべきである。

　人気のある小説やノンフィクションの複本購入をあらかじめ考えておき，人気のあるシリーズのものは継続注文するようにしておくべきである。本当にYAが関心をもつ人気のある資料センターをつくりあげるために，次のような資料をそろえる必要がある。

- ハードカバーとペーパーバックの両方による小説と複本
- 関心の高い分野でのノンフィクションのブラウジング・コレクション
- 一般的な記事や，音楽，スポーツ，ユーモア，ゲーム，時事問題，創作などを掲載する雑誌
- 人気がありリクエストも多い演奏者たちのCDコレクション
- テープ・ブック
- 図書館や家で使えるソフトウェア
- YAにも人気が出そうな子ども向け資料や大人向け資料の交替展示

　くりかえしになるが，借りる人の注意をひくために，図書や他の資料を面出しして配架[1]したり，ジャンルごとに資料にラベルを貼ったり[2]，新しい展示やいつもと違う展示をしたりして，コレクションをうまく宣伝していく必要がある。

1　表紙をみせて配架する方法。書店などが行っている。
2　分類とは別に関心のあるテーマごとにちょっとしたイラストのシールをつくり背表紙にはり，見つけやすいようにしている。例えば，推理小説であればクエスチョン・マークをつけるなど。

IV. スタッフ

　読者相談，ILLや予約サービスをするために，このエリアに担当者を配置することが大きな課題となる。最も重要なことは，YAたちとよい関係をつくりあげていけば，YAたちが本当に必要とし，望んでいるサービスや資料は何なのかを，よりよく理解できるようになるということである。この実りある信頼関係によって図書館は，10代の若者たちにとってさらに居心地のよい場所になり，10代たちはひきつづき，責任ある図書館利用者になってくれるだろう。理想的には，放課後や週末の忙しい時間帯に誰かがYAデスクにいるべきである。夏の間，私たちは午前中にスタッフを，午後には読書プログラムの間10代のボランティアを配置した。ほかの時間帯には，このエリアはセルフ・サービスのブラウジング・コレクションとして機能している。図書の展示や掲示板，資料リスト，10代向けおすすめ読書の掲示，コメント受付箱等によって10代利用者を資料とサービスに結びつけ，互いに影響しあう環境を整えられることになる。

　いったんYA向けに特別なサービスを始めれば，資料やプログラム，スタッフへの要求は確実に増えていく。図書館は，十分なYA部門の発展のために，専任YA図書館員を採用することを最優先すべきである。そうすれば正式の教育援助エリアや宿題リザーブ書架[1]の設置，YAエリアでの専任職員配置等のさらなるサービスをすることができる。

　ヤングアダルトは図書館員にとってはやりがいのあるサービス対象だし，図書館のあらゆる部門の職員が，YAの図書館とそのサービス利用の増加のために準備していなければならない。館内研修によって，あらゆる年齢層の利用者のアクセスと権利についての図書館方針や，ヤングアダルトへの積極的なかかわり方，この年齢層に対する特別なサービスなどについて職員が認識を深める必要がある。

---

1 調べることが中心となる課題の場合，あらかじめ学校から連絡を受けておき，関連資料をまとめて配架する。資料は一時的貸出禁止あるいは一夜貸しのみの手続きをする。

V．プログラム（行事）

ヤングアダルト向け行事が基本的に目指すのは，YAに図書館とのみならず，周囲の世界との関係をつくってもらうことにある。図書館行事は娯楽の提供ばかりでなく，YAたちがその成長時期を切り抜けていく手助けをする。

- グループによる行事はアイデンティティを求めるYAを助けて帰属感をもてるようにする。
- 行事はYAたちに，協調してともに何かをする枠組みを提供する。
- 情報提供プログラムでは，薬物中毒からマンガ本の収集，高校進学準備，系図にいたるテーマについて質問に答えることになる。
- 行事はYAたちが図書館の意志決定に参加し，責任を引き受ける機会を与えることになる。

資金と職員には限界があり，またYAたち自身も時間的制約があるため，YA向け行事はだいたい夏休みや学校が休みの時期に実施される。夏の間は，YA向け読書プログラムや10代のボランティアを中心に特別プログラムが組まれる。そのほかの行事としては以下のようなものがある。

- 学校のカリキュラムに関連するものもしないものもあるが，これからのYAの一般的な教育にかかわる教育プログラム（SAT[1]講習会，科学の講習会，インターネット講習会，図書館ツアー）。
- YAたちが芸術的，あるいは知的な探求を行えるような文化的プログラム（創作文，雑誌・新聞作成・発行，アート・ショー，読書討論会，作家訪問，など）。
- YAたちが知りたいと思っていることがらについて直接答える情報提供プログラム（社会，健康，あるいは経済に関すること）。

---

1 Standard Achievement Test 大学入試のため高校修了レベルに達しているかどうかをみる試験。

・YAたちが何か学べる娯楽プログラム，ただし，それは楽しみと図書館とは相反するものではないことを教えることを目的としているようなもの（ゲームの試合，工作，マンガ本収集，殺人推理小説）。

　子ども向けの行事と同様，図書館予算はYA向けに企画されている行事の一部しか賄えない。管理職や理事会と交渉して，他から資金を募る必要があるだろう。例えば，人気のある行事の費用を有料にしたり，図書館友の会から支援を受けたり，地域の企業や団体にスポンサーになってもらったり，対象エリアになっていない地域に住む家族のための特別「夏休み読書カード」[1]などが考えられる。また，公園およびレクリエーション部門[2]や芸術センター，地域センター，若者グループなどと地域で活動している団体は，行事を実施する際の潜在的なパートナーとみることができるだろう。

VI. アウトリーチ活動

　私たちがサービスしている他のいかなる世代にもまして，アウトリーチ活動はYAたちとYA向けに図書館サービスを行っている人々とを結びつけるために不可欠なものである。学校とのコミュニケーションは必須である。中学や高校で一連のブックトークを実施したり，クラス単位で図書館訪問してもらったりするための日程調整を進める必要がある。若者向け担当部署と参考調査部署とは共同してこのプログラムを展開させることができる。また，学校に対して，課題通知票，学級単位での団体貸出，読書リストの提供などさまざまなサービスがあることを知ってもらうよう努力をすることが必要である。1週間に一度は，学校のメディア・スペシャリストに電話をかけ，宿題について教えてもらい，これから実施される学校でのプロジェクトは何かを知っておく。

　また，10代を相手に活動をしている多くの地域団体と密接な協力関係を築いていくことが必要である。10代をめぐる課題や諸問題について情報を共有するために，地元新聞社で「10代のためのページ」をつくってもらうことも

1　図書館サービス範囲外の利用者に夏季の間だけ有料でカードを配布する。
2　YAサービス向けに公園関係諸費から活動費用を獲得することが多い。

ひとつのアイディアである。図書館職員は地域社会でいつも人々に見られている必要がある。そうすれば親たちや教師，若者を相手に活動をしている人々が図書館職員は誰であり，提供しているサービスにはどんなものがあるのかについて，さらによくわかってくれるようになるだろう。

　最も重要なことは，若者たちと直接かかわる必要があるということである。図書館を利用するYAと話すだけでなく，地域に出ていって，図書館が何を提供してくれるのかまったく思いつかないような若者たちにも手をさしのべる必要がある。10代の若者たちがうろついているところ，例えばアインスタイン・ベーグル[1]やギャップ[2]，カフェ，音楽ショップ，ショッピング・モール，映画館，玉突き場，といったところへ出かけていって，図書館の行事やサービスについての情報を提供しなければならない。こうした場所にちょっとした図書の展示をして，読書リストや10代向け図書館ニュースレターを数部置いておくのもやってみる価値のあることだろう。

VII. テクノロジー

　コンピュータやCD-ROM，インターネットはヤングアダルトにとっては標準的な操作機器となっており，その情報探索方法にも大きな影響を与えている。図書館のテクノロジー・プランを検討・改善するにあたっては，ヤングアダルト利用者の要求と関心を忘れてはいけない。以下のものを提供する必要がある。

・公開利用のためのプリンターつきOPACのYA部門への設置
・公開利用のためのプリンターつきLAN端末
・娯楽と教育的使用のためのPCとCD-ROMコレクション
・インターネットへのアクセス

1　ベーグルを販売するチェーンのファーストフード店。
2　The Gap　日本にもあるチェーンの衣料服店。

まとめ

すべての人々にとって質のよい図書館情報サービスを提供することが，図書館にとっての普遍的目標である。限られた情報源と定められた説明責任のために，図書館管理者は優先順位をつけ選択しなければならない。若者たちは，それほど頻繁に自分たちのために声をあげたりしないし，まだ選挙権もないために，その要求はより声が大きく，より大きな権力をもつ利用者層のために見落とされる可能性がある。

情報源：1997年2月20日「ヤングアダルト向け図書館サービス計画」イリノイ州ヒンズデイルでジェイン・R．バイチェックによって採用。

Source: Adapted from Jane R. Byczek, "Plan for Library Services to Young Adults," Hinsdale (Ill.) Public Library, February 20, 1997.

原注

U.S. Department of Education, Office of Educational Research and Improvement, National Center for Education Statistics, *Services and Resources for Children and Young Adults in Public Libraries* (Washington, D.C.: U.S. Government Printing Office, 1995)

付録D

10代のためのオンライン安全利用の基本ルール

自分が誰かを秘密にしておきなさい。

オンライン上で「出会った」人とは決して集まらないようにしなさい。

敵対的, 挑発的で, 普通でなく, 何か不愉快になるような電子メールやチャットのコメント, メーリングリストのメッセージには答えないようにしなさい。

オンラインで期待していることや基本的なルールについて, 両親と話し合いなさい。

「情報ハイウェイ上の10代の安全」www.safeteens.com をチェックして, さらに多くの情報を得ておきなさい。

From *Teen Safety on the Information Highway* by Lawrence J.Magid (http://www.safeteens.com). Reprinted with permission of the National Center for Missing and Exploited Children (NCMEC). Copyright © NCMEC 1998. All rights reserved.

付録 E

ノンフィクションの正確さと信頼性評価のガイドライン

1. ノンフィクションとは何か,その正確性や信頼性の定義をはっきりさせる。
2. 著者の経験や訓練と履歴を評価する。
3. 経験豊富な編集者や,事実確認の担当者,専門の査読者を雇っているかどうかを含めて,出版社の評判と実績を評価する。
4. 包括性と統合性の点で,多様性に富みステレオタイプに陥っていないかどうかを評価する。
5. 脚注や参考文献リスト,著者のおぼえがきや謝辞に引用されている文献を評価する。
6. 情報源をどのように使って主張し結論づけているかを評価する。
7. あなたの個人的な経験はいうまでもなく,他の情報源に反する事実や描写についてチェックする。
8. 視覚的な表現が正確で信頼できる事実の描写になっているかどうかを評価する。
9. 正確性と信頼性について問題があると指摘した書評者に注意を払う。
10. フィクションが加わっていると表示されている場合はその本を細かいところまで徹底的に調べる。

情報源:ペニー・コールマン「バスタブ,伝記,そして埋葬−日常的,非日常的な歴史調査ガイド−」1998年8月14日イダホ州サン・バレーでのPNLAとアイダホ州図書館協会の合同会議での発表原稿。

Source: Penny Colman, "Bathtubs, Biographies and Burials: A Guide to Doing Ordinary and Extraordinary Historical Research," Paper presented at PNLA/ILA Joint Conference in Sun Valley, Idaho, August 14, 1998.

付録 F

ヤングアダルト向け文学の評価方法

1. 主人公は12歳から18歳の間だろうか？ 多くの子どもたちは自分より少しだけ年上の登場人物について読みたがる。
2. 最初の数ページで読者の注意をひきつけられる本か？
3. 使われている言葉は自然なものか（洗練されすぎでもなく，わざとらしくもない表現）？
4. 登場人物たちの会話は実際のティーンエイジャーたちの話に似ているだろうか？
5. その本はくどくどした描写を避けているか？
6. 複雑なプロットあるいは文学的な修辞的技巧を避けているか？
7. 若者たちがかかえる問題の解決に向けて現実的な希望をもたらすようなものか？
8. その本はおもしろくて，YAのニーズと関心に応えるものか？
9. その本は信じられるようなものか，それとも偶然の一致にあまりにも頼りすぎているものか？
10. 問題の解決が簡単すぎるものか？
11. そのプロットはオリジナルなものか？
12. 状況の中で登場人物たちは生き生きしているか？
13. 登場人物たちはステレオタイプか？
14. 登場人物たちはかたよった品のない描写をされているか？
15. 会話は自然か？
16. 登場人物たちは人間性の内面を表しているか？
17. もしその本に中心となるテーマがあるのなら，それはプロットに無理やり

課せられたものか？
18. 話の調子はテーマにふさわしいものか？
19. そのテーマは YA 読者にふさわしいものか？
20. その本は読みやすい本か？
21. その話は想像力にあふれているか？
22. プロットに無理はないか？
23. 言葉の表現は YA の年齢と読解力にふさわしいか？
24. 背景と出来事が，うまくつりあっているか？
25. 話はスムーズに進行していくか？
26. 話の設定は信じられるものか？
27. その設定が現実のものであるのなら，それは正確に描写されているか？
28. その設定が想像的なものであるのなら，全体を通し矛盾なくつづいているか？
29. 細部の描写は十分か？
30. 細かい描写が多すぎないか？

情報源：1993 年 1 月 21 日ワシントン D.C. にあるカソリック・アメリカン大学での「若者向けメディア」のジェイン・グリーンのクラスでとった著者のノートから。

Source: Adapted from author's notes taken in class of Jane Greene, Media for Adolescents, Catholic University of America, Washington D.C., January 21, 1993.

付録 G

ウェブ・サイトの評価方法

　ティーンフープラ Teen Hoopla[1] (www.ala.org/teenhoopla) の製作者は，YA向けウェブ・サイトを選ぶ際に，以下のようなガイドラインを設けている。

○内容が探究や思考をうながすもので，12歳から18歳のヤングアダルトにアピールし，有益であるもの。
○サイトは作者や，内容や目的が明らかで，受け入れられる質のもの。
　・サイト内容の情報源がリストとしてあげられていること。作者とコンタクトをとる情報が提供されていること。その情報源が評判のよいものであること。
　・サイトの情報が新しいこと。作成あるいは改訂された日付がわかるもの。最新の情報が利用できること。
　・サイトが使いやすく，情報源にアクセスするために最高度のテクノロジーを要求しないようなもの。
　・サイトの製作者やスポンサーによって販売されている商品に関連したマーケティングや宣伝が過剰でないもの。

○もし，サイトが図書館で運営されているのなら，
　・サイト提供の図書館の地域や範囲をこえてヤングアダルトたちの関心のある内容や情報を提供すること。例えば，ほかのサイトへのリンクや相互的に活動できるところ，ほかでは入手できない情報源など。

1　アメリカ図書館協会作成のYA向けホワイト・リスト。YA向けおすすめサイトのリンク集。

・ヤングアダルトがそのサイトの製作や維持についてある程度，参加すること。例えば，ヤングアダルトがリンクするサイトを選んだり，内容を充実させたり，ウェブ・ページをつくったりすること。
・ALAの保護者へのページにも700+ Great Sitesという選択基準があげられている。

　　www.ala.org/parentspage/greatsites/criteria.html

Source: Linda Braun, e-mail correspondence, October 5, 1998.

付録 H

読者向け注釈文の書き方

　読者向け注釈文は，人に本を読みたい気を起こさせるために書くものである。興味をかき立てても，本の結末は決して知らせない。破局や勝利に関するヒントはあるかもしれないが，まだ読んでいない読者にそれが何であるか，どうやって起こるのかを決して語ってはいけない。

　注釈文を書くことはひとつの芸術であるが，ちょっとした努力で見つけることのできる技術でもある。以下の質問はまずはじめる時の枠組みである。しばらくすれば，こういうことは自然に身についていき，ほかのすべての技術と同様，よい注釈者には極度の集中力が要求されることはなくなる。

1. 主人公は誰か？

　この作品の主人公は誰か？　多くの場合，際立った一人の主人公がいるが，時には注釈文を読ませたいとあなたが思う相手により，親戚や，愛する対象，よそ者や，主人公の引き立て役に焦点をあてることもある。

　主人公は動物であったり，時には機械であったりする。どんなものでもよい。いったん，あなたがその主人公を選んだら，その特徴的な性格をリストアップしておく。その人物は会社の経営者か，軍の将校か，大使か，未亡人，スポーツ選手か？　その人は何歳か？　人種や民族的背景は性格形成に重要な役割を果たしているのか？

2. 重要な脇役は誰か？

　主人公は誰と互いにかかわっているか？　サバイバルの話では自然が重要な脇役となるし，あるいは養い親か，風変わりな隠者か，愛人気取りの人か？

犬か？　馬か？　猫か？　主人公との感情的なかかわりの程度によって，重要な脇役を見分けることができる。

3．話の設定はどこか？

　事件は都市のゲットーで起きるのか，裕福な郊外か，辺境の居留地か？　暗く，不吉な荒地にいるのか？　宇宙にいるのか？　学校にいるのか？

4．時代設定は？

　今ここのことか，過去のことか，いつか未来の世界のことなのか？

5．主人公は何に挑戦しているのか？

　自分の故郷を探し出そうとしているのか，大きな競争に勝とうとしているのか，性の問題に取り組もうとしているのか，人類を危機から救おうとしているのか？

　情報源：メアリー・ケイ・チェルトン著「読者向け注釈文の書き方」p.2-112（1996年1月，テキサス州サン・アントニオでALAのYALSA主催で開催されたセミナー"十分なサービスを受けていない人々にサービスする(2)"での配布資料）。雑誌VOYAの書評者たちへのドロシー・M．ブロデリックの教示により1996年メアリ・K．チェルトンが作成したもの。

Source: Mary Kay Chelton, "How to Write a Reader's Annotation" (A handout from Serving the Underserved II, a seminar conducted by the Young Adult Library Services Association of the American Library Association, January 1996, in San Antonio, Texas), 2-112. Adapted from Dorothy M. Broderick's instructions to *Voice of Youth Advocated* (VOYA) reviewers by Mary K. Chelton, 1996.

付録

ブックトークのシナリオの書き方

1. 注意して読みながら，性格描写やわくわくするような場面，ユニークな見方といったその本の特徴となる部分についてもメモしておく。
2. 「かぎ」を見つける。読者を誘うために本のおもしろい特徴を利用する。例えば，おもしろい登場人物を描写したり，わくわくする場面をまとめてみたり，ユニークな見方に焦点をあてる。
3. 本を読み終わったらできるだけ早くブックトークのシナリオを書く。
4. 登場人物や場所の名前をあげる。
5. 一般的には，ブックトークのシナリオを書く際には，見開きで1ページ以上にならないようにする。
6. ブックトークの最初と最後には，その本のタイトルと著者名を言う。
7. 気楽なスタイルでブックトークのシナリオを書く。
8. ブックトークを書いたり，発表したりする時には，いつも聴く人のことを忘れないように。
9. ステレオタイプを使わないように，また一般化しないように注意する。
10. 本の重要なところをうまくこじつけたりしないように。
11. もし行き詰まったら，その本についてほかの人と話したり，あるいはブックトークについての本を参照したりする。
12. エンディングを話してしまわないように。目的は生徒たちが自分自身でその本を読むようにすることだということを忘れずに，最後まで結果は明らかにせず，おもしろい描写をする。

付録 J

グループ向けブックトークのコツ

1. 最後まで読んだ本だけをブックトークする。
2. 好きな本だけをブックトークする。
3. 子どもたちが話し合ってもかまわないと思う本についてだけブックトークする。
4. 実際に聴衆の前でブックトークする前に鏡の前とか，実験台（つれあいとか子どもなど）の前で練習する。
5. ブックトークする際にはその本をもっていき，聴衆の前に見えるように置く。ブックトークのあとで，子どもたちがすぐにその本を家にもって帰れるようになっていればすばらしい。もし，それが無理なら，ブックトークをした本のリストを配ることを考えておく。そうすれば誰に何をしたかの記録をとっておくことにもなるだろう。
6. 「立ち往生」してしまった場合に備えて，ブックトークのシナリオは書いてもっていく。
7. 一度に1クラス以上にブックトークしないようにする。
8. めざす聴衆にアピールするようなテーマの本を選ぶようにする。
9. 異なる主題やジャンル，読解レベル，そしてフィクションとノンフィクションの両方をまぜてもっていく。
10. 登場人物たちが異なる社会階級や性別，人種，民族，宗教をもつ本を選ぶ。
11. 最初に聞きたい本はどれかを，子どもたちに選ばせる。
12. 聴衆の反応に注意し，必要に応じてブックトークを改訂する。
13. もし必要なら，ポスト・イットを本の裏に貼っておいて，登場人物や舞台になる場所の名前を思い出せるように「あんちょこ」にしておく。また，読

むつもりの文章には印をつけておく。
14. カリキュラムに関連するテーマや,新刊書や書架に並んだままで利用されていない本などをとりあげるブックトークを考える。
15. 話の調子やものの見方,本の選び方に変化をつけるため,ほかの教師や司書,学校図書館メディア・スペシャリストを招いて,あなたと一緒にブックトークしてもらうようにする。
16. 子どもたちがお互いに(そして,あなたに対して)ブックトークをするようにすすめる。

付録 K

学校向けサービス案内のチラシ

ヒンズデール公共図書館の学校向けサービス
　ヒンズデール地域の学校における教師と生徒のための援助

図書館開館時間

　　月曜日から木曜日　　午前9時から午後9時
　　金曜日　　　　　　　午前9時から午後6時
　　土曜日　　　　　　　午前9時から午後5時
　　日曜日　　　　　　　午後12時30分から午後5時
　（9月から6月中旬まで）
　（図書館の住所：略）

若者向けサービス部門

　幼児から8年生，両親，教師，そして子どもたちにかかわっている人々向けにサービスと資料を提供しています。
　学校と図書館との協力は重要な課題です。すべてのヒンズデール地域の生徒たちに利益をもたらします。以下のサービスを私たちのお互いの目標である子どもたちの教育と豊かな生活のために提供しています。

若者向けサービス部門のスタッフ

　　（職員名のリスト：略）

付録　K　159

教師向け図書館カード

　181学校区内に位置するすべての学校の教師が，ヒンズデール公共図書館教師向け図書館カードに登録されています。もしあなたが新任の場合や，今まで教師向け図書館カードをもったことがないのでしたら，貸出デスクにおいて，自分で申請することができます。必要に応じて若者向けサービス部門にご連絡いただければ，特別プロジェクトのためにクラス向け特別貸出の手続きをとることができます。

クラス単位の図書館訪問と学校訪問

　図書館紹介と案内のためクラス単位で図書館訪問をされることを歓迎いたします。クラスやクラブ，あるいはそのほかのグループのために図書館訪問をご希望でしたら，日程と時間調整のためお電話ください。公共図書館利用指導や，ブックトーク，おはなし会，図書館各部門のツアー，学校の課題援助のほかにも，こちらで提供できるプログラムがございます。また，特別なプログラムのため学校へ出向いていってあなたのクラスを訪問することも可能です。図書館ツアーや訪問のためにお電話くださる時には，1か月の余裕をみてください。

相互貸出

　必要な資料が図書館にない場合は，地域図書館システム内の他の図書館から借りることもできます。

展示

　ヒンズデールの学校が，芸術作品やほかの特別プロジェクトの成果を展示するために，図書館のスペースのご利用をおすすめしています。毎年，年度当初に，各学校の美術の先生方にお送りしている若者向けサービス部門の月例芸術展示のための書式にご記入ください。ほかの特別プロジェクト展示をご希望の場合には，若者向けサービス部門にご連絡ください。

レファレンス・サービス

－シカゴ大火災についてどんな情報が入手できるのか？
－ロイス・ロウリー作『ザ・ギバー』という本の書評はありますか？

　図書館職員は，上記のような質問やそのほかいろいろの質問に対するお答えを見つける手伝いをしております。答えは本の中だけではなく，雑誌記事やCD-ROM，オンライン・データベース，ビデオ，特別ファイルなどにもあります。若者向け部門と成人向け部門の両方で，図書館開館時間中レファレンスの援助をしております。

ブックリストと専門的なツール

　1か月の余裕をいただければ，若者向け部門では，あなたのクラス向けのブックリストを喜んでご用意いたします。図書館資料情報源や図書選定のための資料リスト，専門的な雑誌へのアクセスも提供できます。

課題通知

　図書館での調査が必要な課題を生徒たちに出された場合には，生徒たちが必要とする情報を探すお手伝いを最大限いたします。「課題通知」の用紙をお出しいただくか，ちょっとお電話していただくかしていただければ，必要な資料をとっておいたり，生徒たちに資料を探したりするのにガイドができるようになります。もし年間を通じての課題を出されるのでしたら，私たちの図書館資料の充実につながる資料追加の提案も喜んでお受けいたします。

宿題リザーブ書架

　先生が決められた宿題を，私たち図書館へ伝えていただければ，成人部門と協力して，適切な資料を選んで，生徒たちが使えるようにリザーブ書架をつくります。前もって知らせていただければ，ほかの情報源から資料を入手することもできます。これらの資料は館内利用に制限しますので，すべての生徒たちが宿題をするために利用できるようになります。

教師向け図書館ツアー

　図書館資料についてもっとお知りになりたい，あるいは職員について知りたいと思われるのでしたら，個人的な（先生お一人でもグループででも）図書館ツアーにお電話で申し込んでいただくか，あるいは若者向けサービス担当司書のところに立ち寄って声をかけてください。

付録 L

パスファインダー

ディベートのテーマ ： ロシアに対するアメリカの外交政策について

図書館で調査を始める前に……

1．検索の幅を広げるための方法を考えてください。

自分のテーマについて，1冊ですべてのことが書かれている本とか，雑誌記事やウェブ・サイトを見つけることができない時もあります。それは入手できる情報がないということではありません。そういう時はもっと細かな記述で，例えばある本の1章とか，雑誌記事の一部分とか，ウェブ・サイトの一部分とかを探さなければなりません。

2．最もよい検索方法を選んでください。

あるテーマについて調べるには，それにふさわしい情報源があります。例えば……

もしあなたが次のようなことを探しているのなら…	次のようなものを使いなさい…
最近の出来事	サーチバンク ウェブ
テーマについての概要	参考図書

詳細で，つっこんだ情報	図書
最新の研究とか新しいテクノロジー	サーチバンク
	ウェブ
人気のあるテーマで本がすべて	サーチバンク
貸し出されている場合	ウェブ
	参考図書

DYNA

　これはこの図書館のオンライン所蔵目録で，図書やビデオ，CDなど図書館が所蔵しているものを探すものです。

　ムルノマ郡図書館・学校共同があなたのために作成した書誌を利用することを憶えておいてください。

　メイン・メニューであなたがしようと思っているタイプの検索を選ぶことができます。

件名（# 5）

　この項目で検索すると，アメリカ議会図書館が選んだ件名標目と主題の一覧が表示されます。幅広いテーマを検索するのに役立ちます。

　　やってみてください：国際関係　OR　合衆国-海外経済関係-ロシア

スーパー検索（# 10）

　この項目で検索すると，タイトルと件名標目に含まれる言葉で探すことができます。

　　やってみてください：ロシア？　外交政策　OR　ロシアと合衆国の関係
　　　（？はコンピュータに単数形と複数形の両方を探させることになります）

サーチバンク（SEARCHBANK）

　これはこの図書館の雑誌全文記事データベースです。"GEN'L REFERENCE CTR GOLD"データベースを検索してください。

主題検索

やってみてください：国際関係

("Periodical References"の中の"See Also … Subdivisions"の部分を注意するのを忘れないように)

キーワード検索

やってみてください：ロシア　外交政策　合衆国

(あなたのテーマを表すキーワードの組み合わせをいくつか考えてください)

WWW

検索エンジンを選んで，キーワードを入力してください。

例えば：

HotBotへ行きます (http://www.hotbot.com)

"all the words"検索になっていることを確かめておいてください。

検索画面で，ロシア　外交政策　合衆国と入力してください。

ひとつ以上の検索エンジンで試してみるとよいでしょう。

ほかの検索エンジンとしては：

AltaVista	http://www.altavista.digital.com
Dogpile	http://dogpile.com
Northern Light	http://www.nlserach.com
Yahoo!	http://www.yahoo.com

情報源：ベイリー・オエルク著「バーロー高校ディベートのテーマ」1998年3月12日，オレゴン州ムルトマ郡図書館・学校共同から。

Source: Adapted from Vailey Oehlke, "Barlow High School Debate Topic," Multnomah County (Ore.) Library School Corps, March 12, 1998.

付録M

生徒の学習のための情報リテラシー基準[1]

情報リテラシー

基準1:情報リテラシーを身につけている生徒は,効率的かつ効果的に情報にアクセスできる。

基準2:情報リテラシーを身につけている生徒は,批判的かつ適切に情報を評価することができる。

基準3:情報リテラシーを身につけている生徒は,正確かつ創造的に情報を利用することができる。

自主学習

基準4:自主学習者である生徒は,情報リテラシーを身につけており,個人的興味に関連ある情報を求める。

基準5:自主学習者である生徒は,情報リテラシーを身につけており,文学などの創造的な表現を鑑賞することができる。

基準6:自主学習者である生徒は,情報リテラシーを身につけており,情報探索と知識の生成に優れようと努力する。

社会的責任

基準7:学習コミュニティや社会に積極的に貢献しようとしている生徒は,情報リテラシーを身につけており,民主主義社会における情報の重要さを認識している。

---

1 『インフォメーション・パワー:学習のためのパートナーシップの構築』同志社大学発行,日本図書館協会発売,2000 p.11-48 に詳しい解説が掲載されている。

基準 8：学習コミュニティや社会に積極的に貢献しようとしている生徒は，情報リテラシーを身につけており，情報と情報技術に関して倫理的な行動をとる。

基準 9：学習コミュニティや社会に積極的に貢献しようとしている生徒は，情報リテラシーを身につけており，情報を追求し情報を生み出すために集団へ上手に参加する。

情報源：アメリカ学校図書館員協会と教育コミュニケーション工学協会『生徒の学習のための情報リテラシー基準』シカゴ：アメリカ図書館協会，1998 年．p.8-9.

Source: American Association of School Librarians and Association for Educational Communications and Technology, *Information Literacy Standards for Student Learning* (Chicago : American Library Association, 1998), 8-9.

付録 N

プログラム（行事）のヒント

1. 10代のために公共図書館行事を考えるというよりむしろ，10代向け図書館行事とサービスを公共図書館内でつくりあげるというふうに考える。ほんのわずかだが，重要な違いがある。
2. 宣伝する際にはできるだけ，「10代」とか「ヤングアダルト」という言葉を使わないようにする。そのかわり，「中学生向け」とか「高校生向け」という表現を使う。
3. 毎回，若者たちに頼んで，企画・実施に参加してもらう。若者助言委員会もよいが，他の若者たちにも範囲を広げ，接触する。その時点で参加している10代の意見や援助を考えあわせ，行事内容の骨組みを決める。
4. この年齢層の社会的発達の特長をよく理解して計画を立て，行事の骨組みと若者の期待することを考える。
5. 若者たちに参加希望の申込を書いてもらうようにする。たとえスペースに余裕があったとしても，事前申込を受け付けておけば，以下のようにいろいろと役に立つ。
   - 何人の若者が参加するのかわかるので，準備するものや部屋の設定を決めるのに非常に役に立つ。
   - その行事がどれだけ人気があるのかがわかるし，うまく宣伝する時間をとることができる。
   - 図書館の行事に関心をもっている10代の若者のリストを作成することができる。
6. 行事の前の晩に，登録した若者たちに電話をかける。この年齢では生活は多忙を極めており，スケジュールをきちんと立てる技術がやっとできはじめ

る頃である。成功する行事は「電話する時間」をかける価値があるから，登録したすべての若者に電話をかけるだけのまとまった時間をとっておく。スケジュールを見落としたと認める若者はまずいないので，いつも素直に聞いてみる。「まだ参加する予定はある？」たとえその若者が来られなくても，もう一度個人的な連絡をとったことになるし，空き待ちリストにのっているほかの誰かに電話をかけてみる時間が残る。

7. 行事の内容と宣伝はあわせて示すべきである。思いもかけないことが参加者の注意をひくことがある。
8. ほかの団体と協働して，地域の中でさらに幅広く，また深く掘り下げられる味つけを考えてみる。
9. 10代の若者たちが地域社会に実際に貢献できるような行事をつくりあげる。若者たちがすでにもっている，その技術と知識をうまく生かすようにする。

情報源：1998年6月3日付けYA-YAAC[1]において，インディアナ州モンロー郡図書館若者サービス担当，ダナ・バートンが掲載した電子ディスカッション・リストの発言から。

Source: Adapted from an electronic discussion list posting by Dana Burton, Youth Services, Monroe County (Ind.) Public Library on YA-YAAC, June 3, 1998.

---

1 YAサービスについての電子メーリングリスト。

付録O

ヤングアダルト向けプログラム（行事）評価の例[1]

1. 今までに，この図書館の行事に参加したことがありますか？

2. この行事の内容についてどう思いましたか？

3. この行事の進行方法についてどう感じましたか？

4. この行事についてどうやって知りましたか？

5. この図書館のほかの行事に，これから参加しようと思いますか？

6. どのようなタイプの行事に参加したいですか？

7. 行事に参加するのに一番都合のよい時間はいつですか？（例えば，放課後，夜，週末，そのほか）

年齢：＿＿＿＿＿＿　学年：＿＿＿＿＿＿　学校名：＿＿＿＿＿＿＿＿＿＿＿

---

[1] YA向け行事の際に配布するアンケートの例。

付録 P

図書館の権利宣言[1]

アメリカ図書館協会は，すべての図書館が情報や思想のひろばであり，以下の基本方針が，すべての図書館のサービス指針となるべきであるということを確認する。

第1条：図書およびその他の図書館資源は，図書館が奉仕するコミュニティのすべての人びとの関心，情報，啓蒙に役立つように提供されるべきである。資料の創作に寄与した人たちの生まれ，経歴，見解を理由として，資料が排除されてはならない。

第2条：図書館は，今日および歴史上の問題に関して，どのような観点に立つ資料あるいは情報であっても，それらを提供すべきである。党派あるいは主義の上から賛成できないという理由で，資料が締め出されたり取り除かれたりすることがあってはならない。

第3条：図書館は，情報を提供し，啓蒙を行うという図書館の責任を達成するために，検閲を拒否すべきである。

第4条：図書館は，表現の自由や思想へのフリー・アクセスの制限に抵抗することにかかわる，すべての人およびグループと協力すべきである。

第5条：図書館の利用に関する個人の権利は，その人の生まれ，年齢，経歴，見解のゆえに，拒否されたり制限されることがあってはならない。

第6条：展示空間や集会室を，その図書館が奉仕する［コミュニティの］構成員（public）の利用に供している図書館は，それらの施設の利用を求める個人やグループの信条や所属関係にかかわりなく，公平な基準で提供す

---

1 この訳文は以下の文献からの転載である。アメリカ図書館協会知的自由部編纂『図書館の原則 改訂版：図書館における知的自由マニュアル（第6版）』日本図書館協会，2003　p.58-59

べきである。

アメリカ図書館協会評議会1948年6月18日採択。1961年2月2日,1967年6月27日,1980年1月23日修正。
図書館協会評議会により,1996年1月23日「年齢」を含むことが再確認された。

付記
　『図書館の原則改訂版:図書館における知的自由マニュアル(第6版)』には,「ヴィデオテープや非活字形態資料への児童及び若い人びとのアクセス-『図書館の権利宣言』解説文」(Access for Children and Young People to Videotapes and Other Nonprint Formats, p.77-79に掲載)が掲載されているが,「非活字形態資料への子どもおよびヤングアダルトのアクセス」(Access for Children and Young Adults to Nonprint Materials)として,アメリカ図書館協会評議会により,2004年6月30日に修整された。
　また同じく,「図書館への未成年者のフリー・アクセス-『図書館の権利宣言』解説文」(Free Access to Libraries for Minors, p.152-153に掲載)も2004年6月30日に修整された。

付録Q

読書の自由[1]

　読書の自由は，アメリカの民主主義に欠かせない。この自由は，絶えることなく攻撃されている。全国各地の私的グループや公的機関が，図書を販売禁止にしたり，教科書を検閲したり，「論争的な」図書にラベルを貼ったり，「問題ある」図書や作家の一覧表を配布したり，図書館を非難したりしている。このような行動は，明らかにアメリカの伝統である表現の自由が，もはや有効でないという見解から生じている。また，検閲や抑圧が，政治の破壊や道徳の頽廃を回避するのに必要であるという見解にもとづいている。図書の利用に熱心な市民として，また図書の普及に責任を持つ図書館員や出版者として，読書の自由の保持が公益に資することを主張したい。

　上述のような抑圧の試みは，憂慮にたえない。そうした試みの大多数は，民主主義の基本的前提を否定している。すなわち，普通の市民が各自の批判的判断力を行使することによって，善を受け入れ，悪を拒絶するという前提である。公的な検閲者であれ私的な検閲者であれ，検閲者は，自分たちが同胞に代わって善悪を決定すべきであると考えている。

　われわれは，アメリカ国民がプロパガンダを識別したり，プロパガンダを拒否したりするものと信じる。これらのことに，アメリカ国民が検閲者の助力を必要とするとは信じがたい。また，他人に善悪を判断してもらい，他人の考えにもとづいて「保護」してもらうために，アメリカ国民が出版の自由という遺

---

[1] この訳文は以下の文献からの転載である。アメリカ図書館協会知的自由部編纂 『図書館の原則 新版－図書館における知的自由マニュアル（第5版）－(図書館と自由第15集)』日本図書館協会, 1997, p.160-165　この文章は2000年7月12日に改訂されている。改訂された原文はALAのサイトに掲載されているので参照のこと。　http://www.ala.org/　改訂訳文は『図書館の原則 改訂版：図書館における知的自由マニュアル（第6版）』日本図書館協会, 2003, p.198-203に掲載されている。

産を犠牲にするとも考えられない。われわれは，アメリカ国民が思想や表現の自由な営みを，依然として支持しているものと信じる。

　言うまでもなく，図書だけが抑圧の対象ではない。われわれの認識によれば，図書への抑圧は，教育，出版，映画，ラジオ，テレビに加えられるいっそう大きな圧力の一環である。問題となっているのは，一つの実際の検閲ではない。圧力という恐怖の影に脅えて，論叢の回避を願う人びとは，自発的にいっそう大きな表現の削減をしていると思われる。

　順応を求める上述のような圧力は，不安な変化と恐怖感が浸透している時代では，自然なことかもしれない。特に非常に多くの懸念がイデオロギーに向けられている時，異論の表現自体が恐怖の対象となる。そして，敵対的な行為を抑圧するのと同じように，異論の表現を抑圧するようになりがちである。

　しかし，抑圧が最も危険なのは，社会的緊張の時代である。合衆国が緊張に耐える柔軟性を持つのは，自由のためである。自由が，崇高で創造的な解決への道を開き続けてきた。自由は，選択による変化を可能にする。異端を一つ一つ封じること，正統を一つ一つ強制することは，社会の強靭さと弾力性を減じてしまう。その結果，社会は緊張にたいして巧みな対処ができなくなる。

　今までと同じように，図書は，自由のための有数の道具である。思想や表現方式の中には，当初ほんの少数の人しか引きつけないものがある。図書は，こうした思想や表現方式を，広く伝えるほとんど唯一の手段である。図書は，新しい思想や意見の自然なメディアであり，その点で社会の成長に独創的な貢献をしている。図書は，真面目な思考に必要な深い討議に欠かせない。また，知識や思想の蓄積を組織化するにも欠かせないのである。

　われわれは，自由なコミュニケーションが，自由な社会と創造的な文化の保持に不可欠であると信じている。また，順応を求める圧力は，探求と表現の範囲や多様性を限定する危険があると信じる。そして，アメリカの民主主義や文化は，探求や表現の自由にもとづいているのである。言うまでもなく，アメリカの各コミュニティは，各自の読書の自由を保持するために，出版と流通の自由を油断なく守らなくてはならない。われわれ出版者と図書館員は，読者が多

種多様な図書から自由に選択することを可能にすることによって，読書の自由を実質化するという重大な責任を持っているのである。

憲法は読書の自由を保障している。自由な人間という信念を持つ人は，憲法が保障する基本的な権利を固守するであろう。また，この権利に伴う責任を実行するであろう。

したがって，われわれは以下の命題を確認する。

1. <u>出版者や図書館員は，最大限に多様な見解や表現を提供することで公益に資する。こうした見解や表現には，多数派にとって正統でないもの，評判の悪いものを含む。</u>

定義からして，創造的な考えは新しい。新しいものは，［従来のものと］相違する。新しい思想の運搬人は，その思想が洗練され検証を受けるまで，例外なく反乱者である。全体主義体制の場合，自分の権力を維持するために，冷酷にも既成の権威に挑戦するあらゆる概念を抑圧する。民主主義体制が変化に適応する力は，自由に提供された相反する意見の中から，市民が自由に選択することによって大いに強化される。順応しない思想が生まれるごとに息の根を止めることは，民主的過程の終末を特徴づけることになろう。さらに，民主主義の精神が，現代のような時代が求める強さを達成できるのは，不断の比較衡量と選択を通してのみである。われわれは，物事を信じるだけでなく，信じる理由を知る必要がある。

2. <u>出版者や図書館員や書籍商は，提供する図書が含むすべての思想や意見を承認する必要はない。出版者や図書館員や書籍商が，自分の政治的，道徳的，それに美的見解を基準として，図書の出版や流通を決定することは公益に反する。</u>

出版者や図書館員は，精神の成長や学習の促進に必要な知識や思想を提供することによって，教育過程に奉仕する。出版者や図書館員が教育を育成するのは，立派な指導者として自分の思想形態を押しつけることによってではない。人びとは読書の自由を持ち，個々の図書館員，出版者，政府，教会が持つ思想よりも，はるかに広範囲の思想に目を通して検討する自由を持つべ

きである。ある人の読書範囲が，他の人が正当と考える範囲に押し込められるのは誤っている。

3. 出版者や図書館員が図書の受け入れを決定するに際して，著者の個人的な経歴や政治的な所属で決定するのは公益に反する。

　図書は図書自体として判断すべきである。芸術や文学は，創作者の政治的な見解や個人的な生活で判断されるなら，決して栄えない。著者の一覧表があり，その人物の発言を一切聞いてはならないという場合，自由な人間からなる社会は絶対に繁栄しない。

4. 他人の好みを強制したり，成人を青少年向きの読書資料に拘束したり，芸術的表現を試みる作家の努力を禁じたりする試みは，アメリカ社会と無縁である。

　多くの現代文学にたいして衝撃を感じる人がいる。しかし，人生自体に衝撃的なことが多くあるのではないだろうか。著者が日常生活を扱うことがいけないなら，文芸は根元から殺されてしまう。親や教師は，若い人びとが自力で批判的に考えることを学ぶように，助ける責任がある。同じように，親や教師は，若い人びとが人生における多様な経験に適応できるように，準備する責任を持つ。若い人びとは，いずれそうした経験に曝されるのである。この責任は積極的な責任である。若い人びとにはまだその備えがないとして，単に読書資料を遠ざけることで果たせる責任ではない。こうした問題の場合，好みはさまざまで，好みを妨げることはできない。また，あるグループの要求に応じつつ，他の人びととの自由を限定しない機構を考案することもできない。

5. 図書や著者に破壊的とか危険といったラベルを貼ることは，読者に先入観を強いることになり公益に反する。

　ラベリングは，権威を持つ賢明な個人やグループが存在し，市民に代わって善悪を決定するという考えを前提とする。ラベリングは，各自が検討する思想を決定するについて，各人は指導を受けなければならないとの前提に立つ。しかし，アメリカ人は，自分に代わって考える人を必要としない。

6. 個人やグループが，自分の基準や好みをコミュニティ全体に押しつけてくる場合がある。出版者や図書館員は，住民の読書の自由を守るために，こうした侵害と闘う責任がある。

　民主的過程のやりとりにおいて，個人やグループの政治的，道徳的，美的考えが，他の個人やグループの考えと時どき衝突するのは避けられない。自由な社会の場合，各人が自分の読みたいと願う資料を，自由に自分で決定する。また，各グループは，自由に結びついている各グループ内の構成員に勧める資料を，自由に決定する。しかしながら，いかなるグループにも，法律を私物化する権利はない。また，自分の政治思想や道徳観を，民主的社会の他の構成員に押しつける権利もない。すでに受け入れられているものや，害のないものだけに自由を与えるならば，自由はもはや自由でなくなる。

7. 出版者や図書館員は，思想や表現の質と多様性を豊かにする図書を提供することによって，読書の自由に完全な意味を与える責任を持つ。すべての出版者や図書館員は，この積極的な責任を果たすことで，悪書への答えは良書であり，悪い思想への答えは良い思想であるということを示すことができる。

　読書の自由は，ささいな問題にはさほど重要でない。読者は自分の目的とする図書を入手できない時，落胆する。必要なのは，抑制をなくすことだけでなく，最良と評されたり言われたりしている図書を読む機会を，人びとに積極的に提供することである。図書は，知的遺産を後世に伝える主たる媒体である。また，知的遺産を検証し成長させる主たる手段でもある。図書の自由と尊厳を守り，図書のサービスを社会に拡大していくためには，すべての出版者や図書館員が最大限の能力を発揮しなくてはならない。同時に，すべての市民も，当然このために最大限の支持を与えるべきである。

以上の命題は軽々しい宣言ではないし，安易に一般化して公表しているのでもない。われわれは，図書の価値にたいする崇高な主張をしているのである。こうした宣言をするのは，図書が大いなる多様性と有用性を持つ良いものであ

り，図書の自由は育成と維持に値すると信じるからである。たしかに，これらの命題を実際に適用すれば，多くの人びとが嫌悪する思想や表現方法を普及することになろう。われわれがこれらの命題を提出するのは，人びとの読書内容が重要でないという安易な考えのためではない。むしろ，人びとの読書内容は非常に重要であると信じている。また，思想が危険になりうることも信じている。しかしながら，思想の抑圧は，民主的社会にとって致命的であると信じるのである。自由自体は，危険な生活方式である。しかし，それはわれわれのものである。

もともとこの宣言はアメリカ図書館協会とアメリカ出版会議が開催したウェストチェスター会議によって，1953年5月に発表されたものである。なお，1970年にアメリカ出版会議はアメリカ教育出版会議と合同しアメリカ出版協会となった。

アメリカ図書館協会評議会，アメリカ出版協会「読書の自由委員会」1953年6月25日採択。1972年1月28日，1991年1月16日改訂。

付録 R

問題行動対処のための戦略

1. 首尾一貫した態度をとる。
   基準を決める。YAたちにどのように行動してほしいかを知らせる。
   行動方針について決める時にYAたちに参加させる。
   YAたちの権利と意見を尊重し，公平に扱う。
2. 準備する。
   混乱をひき起こすような行動に対しては，落ち着いてすばやくそれに対処できるように準備しておかなければならない。
   YAたちが規則を無視すれば受けざるをえない論理的な結末を示す。
   どのような問題がとっさの判断を要するのかを認識する。
3. 厳格に，しかし公平に。
   結論が年齢にかかわらず，すべての人々に同じであることをはっきりとさせる。
4. 威厳をもって規律を守らせる。
   ヤングアダルト自身にではなく，不適切な行動そのものに焦点をあてる。
   できるなら個人的な面談で個々の問題行動を処理する。周囲に人がいると無作法な振る舞いを煽り立てるので。
   自分が10代であった頃，どう扱ってほしかったかを思い出す。
   時には，誰でもひどいふるまいをすることもあるということを憶えておく。
5. 選択させる。
   もしYAたちが実際生活でうまくやっているとすれば，自分で何とかできるに違いないし，その選択に責任をもたなければならないはずである。
   YAたちに選択させれば，YA自身に責任を負わせることになる。

YAたちに選択させれば，自分たちに関係する出来事を管理することを学ぶ。

例その1：「あなたがどちらかを選べます。今日はおとなしく座って静かに勉強するか，あるいは図書館を出ていって，どこかよそでできるところを探しなさい。」

例その2：「そのまま大きな声で話し続けるのなら，今日は友達から離れて座るか，図書館を出て行くか選びなさい。」

もしYAたちがきちんとふるまわないのなら，そうすることを選んだのか，あるいはどうふるまったらよいのかわかっていないかのどちらかである。

6．創造的になる。

規律を守らせようとする過去のアプローチ方法は，1990年代のYAたちには役に立たない。

ある戦略がうまくいかないなら，他のやり方を試してみる。

7．積極的な行動にはご褒美をあげる。

ほめるとか，何か特別な特典をあげる（ポップコーンとか，スナック菓子とか，司書との昼食会，コンピュータの使用時間，ステッカーとかスタンプ，今週のYAなど）。

8．YAに自分の誤りを学ばせるようにする。

謝るよりも次に何をするのかが大切であることをもっと強調する。

9．YAをラベル付けしてはいけない。

個々の違いを認識する。

YAに純粋に興味を示す。

YAにコミュニティへの気持ちを持たせる。YAたちは，自分たちがグループの一員であって，そのグループに対して責任があるのだということを自覚しなければならない。もし，YAたちが，その特権を楽しんでいるのなら，その任務と義務を引き受け入れなければならない。

10．自分の得意な分野をもつ。

YAたちは，もしあなたが自分の分野で能力を見せれば，尊敬してくれる。

11. 我慢強くなる。
    たいていの YA たちに接するには，忍耐と理解が必要である。
12. 自分の声と顔の表情をうまく使う。
13. ユーモアのセンスをもち続ける。
    にっこり
    明るく
    朗らかな笑いは救いになる
14. もし誰かの安全が脅かされたら，法律の力を借りる。
15. YA たちは成長している途中であって，成長しきっているわけではないことを認識する。
    規律を守ることが YA たちを成長させる。

Source: Lee Canter, *Lee Canter's Assertive Discipline* (Santa Monica, Calif.: Lee Carter and Associates, 1992).

Richard L. Curwin, *Discipline with Dignity* (Alexandria, Va. : Association for Supervision and Curriculum Development, 1988).

Judy Druse, "Strategies for Dealing with Troublesome Behavior" (from manual for Serving the Underserved II, a seminar conducted by the Young Adult Library Services Association of the American Library Association, January 1996, in San Antonio, Texas), 3-21.

「ヤングアダルト・サービスの秘訣」を訳して

― あとがき ―

　本書は，アメリカ図書館協会ヤングアダルト図書館サービス部会（YALSA）の公式出版物の一つである。公共図書館活動を考える上で重要なポイントを，ヤングアダルト・サービス活動の指針にそって，説明し，具体的な方法を示唆している。図書館員ではあるが，とくにヤングアダルト・サービス担当司書として教育訓練を受けたことのない人を主な読者対象として書かれている。したがって，かなり実際的であり，日本でのYA図書館活動のマニュアルとしてわかりやすい構成となっている。

　本書の原書出版以前に，簡易製版で作成された異なる著者による第1版があった。訳者はその翻訳出版を試みたものの，諸般の事情によりそのままになっていた。再訳をすることになり，確認作業調査を行っていた段階で，ボストン公共図書館のYA司書から本書を紹介された。アメリカ滞在中であったので，アメリカ人YA司書や研究者たちに疑問点などを直接問うなどして，翻訳作業はすぐにすんだものの，出版に至るまでかなり時間を要してしまった。したがって，本文内容中に紹介されている数値やウェブなどはいくつか変更になったり，消滅してしまっている。しかし，内容そのものは，まだ十分とはいえない日本におけるヤングアダルト・サービスの具体的活動の参考になると思われる。

　アメリカ図書館界におけるヤングアダルト・サービスの指針はYoung Adults Deserve the Best: Competencies for Librarians Serving Youth であり，1981年にYASD（YALSAの前身組織）理事会で採択されている。本書では1998年に改訂された内容に準じているが，最新内容は2003年10月に改訂されている（参照：*Young Adult Library Services*. Vol.2 No.2 (spring 2004) p.58-60. http://www.ala.org/ala/yalsa/professsionaldev/youngadultsdeserve.htm）。

さらに，国際図書館連盟（IFLA）でもヤングアダルト・サービスの指針が採択され，10代への図書館サービス活動推進は国際的な広がりをみせている（参照：「ヤングアダルト向け図書館サービスの指針」Guidelines for Library Services for Young Adults.『同志社図書館情報学』同志社大学司書課程 1998 p.45-66. http://www.ifla.org/VII/sio©scl.htm#guide）。

アメリカでは2007年までに10代住民が13％増加すると予想され，図書館ではこの世代への図書館サービスが注目されている。とはいえ，ヤングアダルト・サービスは100年近い活動史を背景としており，公共図書館での基幹的活動のひとつとしてとらえられてきたといってよい。図書館情報学大学院（ライブラリー・スクール）でも，独立科目として，ヤングアダルト・サービス論や資料論がある（参照：井上靖代「ヤングアダルト・サービスの変遷－アメリカ公共図書館におけるヤングアダルト・サービス－」『児童・ヤングアダルトサービスの到達点と今後の課題』日本図書館学会研究委員会編 日外アソシエーツ 1997 p.142-169）。YALSAは図書館専門職団体として1941年から組織化され活動を続けている。ちなみに戦後，慶應義塾大学のジャパン・ライブラリー・スクールの講師として来日し，日本へヤングアダルト・サービスを紹介したHanna Huntは，1960～61年に会長に就任している。

日本のヤングアダルト・サービスは，戦前の都市部での学生や若年労働者への活動や農村部での青年文庫援助活動，戦後の勤労青少年への奉仕活動，1980年代の15歳人口の増加にともなう新しいヤングアダルト・サービスの導入・実施といくつかの節目がある。現在の10代の状況を考えると，公共図書館におけるヤングアダルト・サービスはさらに変化を遂げるべき時期にきている。読書振興だけが公共図書館におけるヤングアダルト・サービスではない。

文部科学省が推進する「子ども居場所づくり新プラン」（http://www.ibasyo.com）は，ヤングアダルト・サービスでいう若者の「たまり場」づくりにつながる。また，将来の生き方やキャリアを考える進路進学情報を求める中学生・高校生への資料情報提供や，メンターとなる異世代の人々との交流の「場」の提供は，図書館本来のサービス活動である。かならずしも文部科学省が実施し

ている学校教育としての「新キャリア教育プラン推進事業」だけで，若者が将来を考えるとは思えない。厚生労働省が行うヤングハローワークや，経済産業省のジョブカフェ支援による就職情報提供だけで若者が判断できるとも思えない。これらを統合した活動は，生涯学習の場としての図書館でのヤングアダルト・サービスなのである。

　アメリカの図書館界でも，識字学習や図書館利用促進による読書振興・情報リテラシー育成だけにとどまらず，若者の社会参加の場として図書館をとらえている。そのための指針，National Youth Participation Guidelines がある（参照：http://www.ala.org/ala/yalsa/aboutyalsa/nationalyouth.htm）。読書をすすめるのはもちろんだが，さらに 10 代図書館理事会やジュニア図書館友の会などの活動やインターン活動などを通して，若者がコミュニケーション力を獲得していくことをヤングアダルト・サービスとしているのである。

　若者が図書館資料をとおして情報を獲得し，イベントや活動に参加して人づきあいや社会の一員としての責任を自覚していく，その過程をコーディネートしていくのが YA 図書館員の役割なのである。

　ティーンズ文庫やタレント本を並べただけで，ヤングアダルト・サービスをしているとする日本の状況は，まだ，本来の 10 代の若者という利用者とどうかかわるかという図書館の社会的使命を認知しているとはいえない。もっと発展していくことを切に望みたい。

半田雄二氏の 6 周忌に
2004 年 7 月 26 日
井上靖代

索引 Index

あ行

アウトドア小説　51
アウトリーチ　35
アウトリーチ活動　99, 144
アメリカ学校図書館員協会　94
アメリカ図書館協会　19, 57
アメリカ図書館協会　知的自由事務局　57
一夜貸し　82-83
インターネット　45, 54, 57
インターネットの利用方針　55
インターネットへのアクセス　45, 135
インターネットを"むしゃぶり食う"　112
『インフォメーション・パワー：学習のためのパートナーシップの構築』　76
「ウェブ・サイトの評価方法」　59, 151-152
ウェブ・サイト評価　61
ウェブ・サイト評価のガイドライン　59
うちとけた気持ち　15
援助　13
おすすめ資料リスト　66
オープン・エンドの質問　91, 92

か行

外部機関　101
家具（ヤングアダルトのためのスペースも見よ）　39
課題通知　81, 82, 144, 160
学校図書館メディア・スペシャリスト　13, 25, 76, 78, 81
学校図書館メディア・センター　73
学校の課題（宿題　も見よ）　78
学校のカリキュラム関連ノンフィクション　52
「学校向けサービス案内」　77, 158-161
カリキュラム・ガイド　80
記憶力　14
危機に瀕する10代　9
喫煙（問題行動　も見よ）　112
客寄せ口上　70
キャリア・ディベロップメント　131
キャレル・デスク　40
教育コミュニケーション工学協会　94
共感　15
行事　96, 142
教師向け図書館ツアー　161
協力　101-102
キリスト教小説　51
グループ学習室　40
グループ課題　87
「グループ向けブックトークのコツ」　70,

100，156-157
掲示板　46，142
継続研修　116
現実小説　50
研修　116
広告宣伝（宣伝　も見よ）　67
告知書　83，84，85
個人学習室　40
子ども向けサービス図書館員　iii
コミック　53
コミュニケーション技術　91
コメント受付箱　142
根気よく　14
コンピュータ　54

さ行

作文コンテスト　57
雑誌　53
サービス改善　116
サービス・カウンター（サービス・デスク　も見よ）　71
サービス・デスク（サービス・カウンター　も見よ）　69
ジェネラリスト　2，11，iv
識字ボランティア　89
思春期　6，7
視聴覚資料　58-59
実施計画　35
室内装飾　46
児童図書館員　iii
自分らしく　15
ジャケット・トーク　70
ジャンル小説　50
10代（ヤングアダルト　を見よ）
10代助言委員会　18，25，26，53，98，125-130

10代図書館理事会　119
10代のためのオンライン安全利用の基本ルール　56，147
10代の要求　13
10代を尊重する　12
州図書館協会（研修　も見よ）　117
「十分サービスを受けていない対象者にサービスする訓練士」(SUS)　v
宿題　86
宿題援助　73，95
宿題援助サービス　52，59，73
宿題援助センター　89
宿題ヘルパー　89
宿題リザーブ書架（リザーブ書架　も見よ）　142，160
出力評価　31
ジュニア図書館友の会　23，24
紹介文　68
情報源の共有　81
情報リテラシー　93，165
ジョーンズ，パトリック　3
書架トーク　70
初期思春期（思春期，青年期　も見よ）　7
職員研修　116
書誌リスト　82
書店スタイル　43
書評　66
シリーズもの　49
資料構築　48，59
親近感　13
辛抱強く　14
推理小説　50
スケートボード（問題行動　も見よ）　112
ストーリーマンガ　53
スペース（ヤングアダルトのためのスペース　も見よ）　39

スペシャリスト（ヤングアダルト図書館員
　も見よ）　10
精神的見本　2
「生徒の学習のための情報リテラシー基準」
　76，83，94，165-166
青年　13
青年期（思春期　も見よ）　2，4，6，8，13
全国レベル（研修　も見よ）　118
宣伝（広告宣伝　も見よ）　64
騒々しいふるまい（問題行動　も見よ）111

た行

代弁者（若者の代弁者　も見よ）　119
大量の課題　79
団体貸出　144
地域図書館協会（研修　も見よ）　117
地域との協働　116
チェルトン，メアリ・K.　i
知的自由　105
注釈　66，68，153-154
調査　19
提案箱　46
ティーンエイジャー（ヤングアダルト，10
　代　も見よ）　v
ティーンズ（ヤングアダルト，10代　も
　見よ）　v
ティーン読書週間　99
ティーンフーブラ　61，89，151
テープ・ブック　140
テクノロジー　45
展示　67
電子ディスカッション・リスト（メーリング・
　リスト　も見よ）　i，72
読者援助　68
読者援助サービス　72
読者相談　141

「読者向け注釈文の書き方」　68，153-154
読書日誌　70
「読書の自由」　108，172-177
読書リスト　144
図書館員の専門能力（ヤングアダルト図書
　館員の専門能力　を見よ）
図書館間相互貸借制度　83
図書館計画（ヤングアダルト向けサービス
　計画　も見よ）　29
図書館サービス評価（出力評価　も見よ）
　30
図書館設立委員会　18
図書館友の会　31
「図書館の権利宣言」　30，108，170-171，133
図書館の方針　106
図書館理事会　18
ドラッグ（問題行動　も見よ）　112

な行

夏の読書プログラム　96，101
夏休み読書クラブ　57
盗み（問題行動　も見よ）　112
ネオン・サイン　42，140
ノンフィクション　51
「ノンフィクションの正確さと信頼性評価の
　ガイドライン」　59，148

は行

ハードカバー　49
ハイ・ティーン（思春期，青年期　も見よ）
　43
破壊行為（問題行動　も見よ）　112
「パスファインダー」　82，88，162-164
販売促進　65
非合法な行動（問題行動　も見よ）　112
評価　36，98

「ヒンズデール公共図書館の学校向けサービス」 77, 158-161
フィクション 48
フィルタリング・ソフト 57, 108
フィルタリング・ソフトの図書館の使用についての声明 57
フォーカス・グループ 22
ブック・フェア 102
ブックトーク 70, 100, 155, 156-157
「ブックトークのシナリオの書き方」 70, 100, 155
プログラム 96, 142, 167-168, 169
「プログラム（行事）のヒント」 98, 167-168
焚書週間 102, 110
ペーパーバック 49
冒険小説 51
暴力（問題行動　も見よ） 112
ホラー 50
ボランティア 89

ま行

マーケティング 64
短いブックトーク 70
メーリングリスト（電子ディスカッション・リスト　も見よ） 72
メンター 2
面出し 66
問題解決 110
問題行動 111
問題行動対処のための戦略（問題行動　も見よ） 114, 178

や行

ヤングアダルト（若者, 10代, 青年期, 思春期　も見よ） v
ヤングアダルト・コーナー 10
ヤングアダルト・サービス計画（ヤングアダルト向けサービス計画　も見よ） 33
ヤングアダルト・サービスの目標と目的 34, 35
ヤングアダルト・スペシャリスト（スペシャリスト　も見よ） 2, iii
ヤングアダルト助言委員会 110, 138-139
ヤングアダルト資料 68
ヤングアダルト担当図書館員向けのお助けホームページ 89
ヤングアダルト図書館員（ヤングアダルト・スペシャリスト　も見よ） 11
ヤングアダルト図書館員の専門能力（「ヤングアダルトに最良のサービスを: YALSAによるヤングアダルトにサービスする図書館員の専門能力」　も見よ） 32, 131-136
ヤングアダルト図書館サービス部会 19
ヤングアダルト図書館調査（調査　も見よ） 21
ヤングアダルトのためのスペース 39
ヤングアダルトのページ 56
ヤングアダルト向けサービス（サービス　も見よ） 10
ヤングアダルト向け宿題援助プログラム（宿題援助, 宿題援助センター, 宿題ヘルパーも見よ） 89
ヤングアダルト向け図書館サービス計画 30, 33, 35, 137-146
ヤングアダルト向けプログラム（行事）評価の例 98, 169
「ヤングアダルト向け文学の評価方法」（評価　も見よ） 59, 149-150
ユーモア 16
予約サービス 141

ら行

ラベリング　108, 175
乱暴な行動（問題行動　も見よ）　111
リザーブ書架（宿題リザーブ書架　も見よ）　87
倫理綱領　131
「ルイズヴィル公共図書館10代助言委員会内規」　27, 125-130
レイアウト（ヤングアダルトのためのスペース　も見よ）　39, 41-45
歴史小説　51
レファレンス　73
レファレンス・インタビュー　72, 90
レファレンス・ワーク　91
ロー・ティーン　14, 43, 49
ロマンスもの　51

わ行

YA　v
YAクリック　89
YAコレクション　48
若者（ヤングアダルト，10代，ティーンズ，ティーンエイジャー　も見よ）　18
若者参加委員会　19
若者助言委員会（10代助言委員会　も見よ）　26
若者の参加　18
若者の代弁者　73, 120
若者の図書館活動参加のためのガイドライン　20
若者の擁護者　120

●英文索引●

A

adolescence（青年期　も見よ）　2, 13
adolescents（青年　も見よ）　13
ALAN Review　60
American Library Association, the (ALA)（アメリカ図書館協会　も見よ）　19
American Association of School Librarians, the (AASL)（アメリカ学校図書館員協会　を見よ）
Artist Market　122
Association for Educational Communications and Technology, the (AECT)（教育コミュニケーション工学協会　を見よ）

B・C

Banned Books Week（焚書週間）　110
Basic Rules of Online Safety for Teens（10代のためのオンライン安全利用の基本ルール　を見よ）　56
By-Laws for the Louisville Public Library Teen Advisory Board（「ルイズヴィル公共図書館10代助言委員会内規」も見よ）　27, 125-130
Choice Picks　66
Connecting Young Adults and Libraries: A How-to-Do-It Manual　3

F・H・I・K

Freedom to Read, the（「読書の自由」も見よ）　108, 172-177
How to Write a Reader's Annotation（『読者向け注釈文の書き方』も見よ）　68, 153
How to Write Your Own Booktalk（「ブックトークのシナリオの書き方」を見よ）

70, 155

ILL(図書館間相互貸借制度) 83

Information Literacy Standards for Student Learning(「生徒の学習のための情報リテラシー基準」も見よ) 94, 165-166

Information Power : Building Partnerships for Learning(『インフォメーション・パワー:学習のためのパートーナーシップの構築:最新のアメリカ学校図書館基準』も見よ) 76

Kliatt 60

L・O

Librarians' Code of Ethics(「倫理綱領」も見よ) 131

Library Bill of Rights(「図書館の権利宣言」も見よ) 108, 170-171

Output Measures and More: Planning and Evaluating Public Library Services for Young Adults 29

P・Q

Pathfinder(「パスファインダー」を見よ) 88, 162

Public Library Association, the (PLA) ii

Plan for Library Services to Young Adults(ヤングアダルト向け図書館サービス計画 を見よ) 33

Planning for Results 30

Programming Tips(「プログラム(行事)のヒント」を見よ) 98, 167-168

puberty(思春期 も見よ) 6

public service desk(サービス・デスク も見よ) 69

Quick Picks for Reluctant Young Adult Readers 52 reading log(読書日誌 も見よ) 70

S

Sample Young Adult Program Evaluation(ヤングアダルト向けプログラム(行事)評価の例 も見よ) 169

School Library Services at the Hinsdale Public Library(「ヒンズデール公共図書館の学校向けサービス」も見よ) 77, 158-161

Service Desk(サービス・カウンター も見よ) 71

Services and Resources for Children and Young Adults in Public Libraries iii

Serving the Underserved (SUS)(十分サービスを受けていない対象者にサービスする訓練士 も見よ) v

Strategies for Dealing with Troublesome Behavior(問題行動対処のための戦略問題行動も見よ) 114, 178

T・V

Teen Advisory Board (TAB)(10代助言委員会 も見よ) 18, 25, 26, 53, 98, 125-130

Teen Hoopla(ティーンフープラ も見よ) 61, 89, 151

Teen Library Council(10代図書館理事会 も見よ) ii

Tips on Booktalking to a Group(「グループ向けブックトークのコツ」も見よ) 70

Voice of Youth Advocate (VOYA) 60, 121

Y

YA（ヤングアダルト，10代，ティーンエイジャー，ティーンズ，青春期，思春期 も見よ） v
YA Clicks（YA クリック も見よ） 61
YALSA（ヤングアダルト図書館サービス部会 Young Adult Library Services Association も見よ） 19
YALSA-BK 72
YA-YAAC 19
Young Adult Library Services Association（ヤングアダルト図書館サービス部会 YALSA も見よ） 19
Young Adults Deserve the Best：YALSA Competencies for Librarians Serving Youth（「ヤングアダルトに最良のサービスを：YALSA によるヤングアダルトにサービスする図書館員の専門能力」） 32，131-136
Youth advocates（若者の代弁者 も見よ） 73
Youth Participation Committee（若者参加委員会 も見よ） 19
Youth Participation in School and Public Libraries：It Works 18
youth services librarian（子ども向けサービス図書館員 も見よ） iii
Youth-at-Risk（危機に瀕する10代 も見よ） 9

●著者紹介
ルネ・ヴィランコート（Renée J.Vaillancourt）
モンタナ州ミズーラ公共図書館副館長。アメリカ・カトリック大学で，ヤングアダルト・サービスについて教育省奨学金を得て，MSLIS（図書館情報学修士号）を取得した。1992年からYALSAの会員で，「怠惰なヤングアダルトのためのヒント集」および若者参加委員会の仕事をしている。VOYAやスクール・ライブラリー・ジャーナル誌にヤングアダルト・サービスについて記事を執筆しており，YALSAのSUS(十分にサービスを受けていない者にサービスする者)の訓練担当者として数多くのプログラムやワークショップを実施している。

●訳者紹介
井上 靖代（いのうえ やすよ）
獨協大学経済学部（司書課程・学校図書館司書教諭課程担当）所属。シモンズ大学図書館情報学大学院研究科，同志社大学大学院アメリカ研究科修了。日本図書館協会（JLA），アメリカ図書館協会ヤングアダルト図書館サービス協会（ALA-YALSA），英国図書館・情報専門家協会(CILIP)，国際図書館連盟(IFLA)等会員。主要著作に「子どもの読書と読む自由－外国の事例－」（JLA 図書館の自由に関する調査委員会編『子どもの権利と読む自由』日本図書館協会，1994）や「ヤングアダルト・サービス理論の変遷」（日本図書館学会研究委員会編『児童・ヤングアダルトサービスの到達点と今後の課題』日外アソシエーツ，1997）などがある。

ヤングアダルト・サービスの秘訣
公共図書館ジェネラリストへのヒント

定価：本体2000円（税別）

2004年9月20日　初版第1刷発行 ©

著　者　ルネ・J. ヴィランコート，アメリカ図書館協会公共図書
　　　　館部会・ヤングアダルト図書館サービス部会

訳　者　井上靖代

発行者　社団法人　日本図書館協会
　　　　〒104-0033 東京都中央区新川1-11-14
　　　　Tel　03-3523-0811 ㈹
　　　　Fax　03-3523-0841

装丁・デザイン　小澤　陽子
印刷所　㈱ワープ

JLA 200426　　　　　　　　　　　　　　　　Printed in Japan
ISBN 4-8204-0419-9
本文用紙は中性紙を使用しています。